KB075125

서울 자가에 대기업 다니는
김 부장 이야기

서울 자가에 대기업 다니는
김 부장 이야기

2 정 대리 · 권사원 편

송희구 지음

서삼독

너무너무 재미있다. 나는 단숨에 이 책을 읽었고, 작가의 필력에 진심으로 감탄했다. 직장인이라면 누구나 공감할 수밖에 없는 이야기이다. 거기다 이야기를 따라가다 보면 자연스럽게 삶과 투자의 지혜까지 배울 수 있다. 남녀노소의 경계 없이 모두에게 추천할 만한데 특히 직장인에게 일독을 권한다. 후회 없을 것이다.

— 브라운스톤(우석), 《부의 인문학》 저자

사람들은 모르는 사람의 이야기에는 반응하지 않는다. 하지만 자신과 별 차이가 없다고 생각하던 주변 사람의 집이 몇 억이 올랐다고 하면 그제야 자기 집값을 찾아보게 된다. 그래서 요즘 사람들이 더욱 부동산에 울고 웃게 된 것은 아닐까? 김 부장 이야기에는 그와 같은, 우리가 함께 공감하고 무릎을 칠 만한 소재와 스토리가 가득하다. 그런 점에서 이 책은 어디에도 없지만 어디에나 있는 사람들의 이야기라 할 만하다. 김 부장, 송 과장, 정 대리, 권 사원은 바로 여러분일 수도 있고, 여러분 주위의 아는 사람일 수도 있다. 이들의 이야기는 과연 어떻게 될까? 그래서 더욱 두근거린다. 다음다음이 더욱 기대되는 이야기다.

— 신사임당, 경제 유튜버, 《킵고잉》 저자

기운 날 일 없어도 기운 내야 하는 '어른'들에게 전해주는 뼈 때리는 위로. 극한의 현실적인 디테일, 페이지마다 웃음과 소름이 교차하는, 그래서 결국 나를 돌아보게 하는, 간만의 깊은 이입감. 드라마로 탄생한다니 캐릭터가 아닌 진짜 사람이 살아있는 드라마가 탄생할 것 같다. 생각만 해도 기대가 넘친다.

— **배우 류수영**

회사 후배들의 실화를 바탕으로 재구성하였습니다.
직장 생활, 연애, 결혼, 행복에 관해 고민하는 20대, 30대를
묘사하는 것으로 시작했습니다.
부동산, 주식 투자를 권장하는 의도는 전혀 없습니다.
직장 내의 부조리와 잘못된 관행이 없어졌으면 하는
마음을 표현하고 싶었습니다.

이 시대 모든 직장인들에게 이 책을 바칩니다.

차례

추천의 글 4

저자의 글 6

#정대리 #대기업 #외제차 #회사원스타그램 11

권 사원은 오늘도 출근 43

곧 죽어도 인서울 87

부먹, 찍먹보다 중요한 게 있지 123

그래서 오늘은 축제 157

달까지 달려가도 닿을 수 없다 191

카드 정지는 처음이라 227

파국 247

살다 보면 울고 싶을 때도 있지 283

변하는 것과 변하지 않는 것 323

#정대리 #대기업 #외제차 #회사원스타그램

1

정 대리는 제주도 호텔을 검색한다.

좋아 보이는 곳은 가격이 만만치 않다.

여자친구는 프로포즈를 제주도에서 받고 싶다고 한다. 이
왕 가는 거 숙소는 신라호텔로 잡았다. 검색창에 신라호텔
을 입력한다. 1박에 50만 원, 3박이면 150만 원.

평생 한 번 있는 이벤트니 확실하게 하고 넘어가야 한다.
프로포즈를 제대로 안 하면 평생 원망하는 소리를 듣는
다고 결혼한 선배들이 충고했다.

비행기표, 렌터카, 식비, 디저트 등등 이것저것 하면 300만
원은 들 것 같다.

프로포즈 선물도 있다. D브랜드 핸드백 500만 원.

#정대리 #대기업 #외제차 #회사원스타그램   13

이렇게 저렇게 더하니 프로포즈 비용만 800만 원이 들 것
같다.

결혼식 비용은…… 아직 거기까지는 생각하지 못했다.

여자친구에게서 카톡이 온다.

'풀 오션뷰로 했지? 바다가 조금만 보이는 방 말고, 전면
통창에 바다가 꽉 차게 보이는 방.'

급히 호텔 예약사이트에 다시 들어가 확인한다.

이런! 부분 오션뷰다.

리뷰를 검색해보니 머리를 창 밖으로 내밀고 고개를 돌려
야 겨우 바다가 보일 정도다. 큰일 날 뻔했다.

바로 취소하고 다시 예약하려는데 아, 여자친구가 원하는
풀 오션뷰는 70만 원이다.

70만 원에 3박이니 총 210만 원.

뭐 어때, 이왕 가는 거 150만 원이나 210만 원이나 거기서
거기지 뭐.

정 대리는 어깨를 으쓱하고는 예약을 변경한다.

여자친구 말에 의하면 바다가 보이는 통창 앞에서 사진을

찍으면 그렇게 잘 나온다고 한다.

사진도 많이 찍어주겠다고 약속했다. 사진발이 잘 받게 렌터카는 오픈카로 하기로 했다.

선글라스는 당연한 거고, 차에다 풍선도 달까? 재밌을 것 같다. 우리의 행복한 모습을 사진에 담기 위해 스냅사진 찍어주는 포토그래퍼도 예약한다.

2

정 대리는 대기업에서 대리로 일한다.

세후 월급은 350만 원. 대기업 다니는 친구들 사이에서는 많지도 적지도 않은 금액이다. 적당히 일하고 적당히 부장의 비위를 맞추면 회사생활은 그럭저럭 할 만한 편이다.

모은 돈은 별로 없다. 10년 조금 안 된 아반떼 한 대를 갖고 있고, 아직 부모님과 함께 산다.

여자친구는 사준생이다. 사업 준비생. 카페를 차리는 게 목표란다. 카페 개업 준비한다고 일부러 취업을 안 한다고 하는데 정 대리도 자세히는 모른다. 여자친구가 그렇게 말하니 그런가 보다,라고 생각한다.

정 대리와 여자친구의 일상은 이렇다. 일어나자마자 핸드
폰을 잡고 인스타그램을 열어 팔로잉하는 사람들이 밤새
올린 사진을 확인한다. 어디에 놀러 갔는지, 무엇을 먹었
는지, 어떤 차를 타는지, 들고 있는 가방은 뭔지, 화장품은
뭘 쓰는지 자세히 살핀다. 숨은 단서가 있을까 싶어서 사
진을 이리저리 확대해본다. 혹시 조작은 아닌지 눈에 불을
켜고 살핀다.

친구들이 새로운 아이템을 들고 있는 사진이 올라오면 무
슨 수를 써서라도 브랜드와 가격을 알아낸다. 정 대리의
반응은 두 가지다. 저가의 브랜드면 '그럼 그렇지'. 고가의
브랜드면 '쟤가 저걸 어떻게?'.
이 커플이 같이 있으면 서로 대화하는 시간보다 각자 핸드
폰 보는 시간이 더 길다. 얼굴 보려고 만난 건지 같이 핸드
폰 하려고 만난 건지 모르겠지만, 이런 만남이 서로 편하다.

여자친구가 물어본다.
"오빠, 우리 차는 언제 바꿔?"

"지금 알아보고 있어. 아, 그리고 부모님이 결혼 비용으로
1억 보태주신대."

"1억? 그걸로 집 구할 수 있어?"

"차 사고 남은 돈으로 보증금 해야지 뭐. 몰라, 어떻게 되
지 않겠어?"

"우리 한강 보이는 아파트 살 수 있어? 버버리맨인가 하는
오빠 친구가 사는 곳 말이야."

"글쎄, 알아보질 않아서…… 제주도 갔다 와서 한 번 보자."

"좋아!"

3

정 대리는 아직 대학생 때 타던 아반떼를 타고 다닌다.

그때는 차종보다는 차를 끌고 다닌다는 것이 더 중요했다.
부모님이 사주신 차라서 할부에 대한 부담도 없었다.

이 흰색 아반떼를 타고 대학 캠퍼스를 활보했다. 여자 후배
들을 태우고 다니면 백마 탄 왕자가 된 기분이었다. "오빠, 데
려다줘서 고마워요"라는 소리를 듣는 것이 그렇게 좋았다.

나중에 알게 된 사실이지만, 후배들 사이에서는 '택시 기사'라는 별명으로 불렸다고 한다. 지금 생각하면 왜 그랬을까 싶지만 그때는 그냥 그런 게 좋았다. 예전 여자친구들과도 아반떼 한 대로 전국을 휘젓고 다녔었다.

그런데 지금의 여자친구는 이 차를 마음에 들어하지 않는다. 정 대리도 그렇다. 퀴퀴한 카페트 같은 시트에 앉을 때마다 먼지가 푹 하고 올라온다. 가죽 시트에 앉고 싶다. 요즘은 모카색 알칸타라 가죽 시트가 좋아 보인다.

제일 큰 문제는 하차감이다. 소음이나 진동 같은 승차감은 상관없는데 아반떼는 하차감이 정말 별로다. 남들 보기 부끄럽다. 여자친구는 친구들 모임에 갈 때는 멀리서 내려달라고 한다. 차려입은 원피스와 이 차는 전혀 어울리지 않아서 친구들에게 남자친구의 차에 대해 절대 말하지 않는다고 한다. 여자친구와 여자친구 원피스에게 미안하다.

혹시라도 H 로고나 직물 시트가 보일까봐 차 안에서는 셀카를 찍지 않는다. 정 대리의 친구들은 동그라미 네 개 로고나, 삼각별 로고나, 파란색 흰색 피자 로고가 살짝 보이게 찍어서 인스타에 올린다. 정 대리도 하고 싶은데 지금 당장 할 수 없어서 안달이 나 있다.

한때 잘나가던 아반떼가 초라해 보인다.
정 대리는 외제차가 정말 갖고 싶다.

4

회사의 오전 일과가 끝나고 점심시간이다.
팀원들과 정 대리는 12시가 되자마자 일어나는 김 부장을 따라서 쪼르르 사내식당으로 내려간다.

김 부장은 밥과 반찬을 후루룩 마신다. 몇 번 씹지도 않고 넘긴다.
쓰읍 쩝쩝.
팀원들은 아직 반 정도밖에 못 먹었는데, 김 부장은 이미 다 먹고 팔짱을 낀 채 주변을 두리번거린다. 반찬 접시들은 가지런히 포개놓았다.

사내식당을 나서자 김 부장은 볼일이 있다며 사무실로 혼자 올라간다. 딱히 할 일이 없다는 거 아는데도 매번 저런다. 팀원들과 같이 있으면 본인이 커피를 사야 할 것 같아서 그런 거 같다. 요즘 커피값이 2,000원인 걸 모르시나? 게다가 우리 팀은 후식만큼은 각자 계산한다. 그게 서로가 편하다.

정 대리는 송 과장, 권 사원과 함께 근처 커피숍으로 간다.
"송 과장님, 요즘 차에 관심 있으세요?"
"별로…… 예전에는 많았는데 지금은 잘 굴러가기만 하면 되는 거 같아. 왜?"
"제가 지금 3시리즈 보고 있는데요, 저한테 어울리겠습니까?"
"그 독일차? 안 어울릴 게 뭐가 있어. 근데 가격이 좀 비싸지 않아?"
"요새 천만 원 정도 할인해서 국산차랑 차이가 얼마 안 나거든요."
"그렇구나. 난 차는 잘 몰라서……."
"저만 구닥다리 아반떼 타고 다녀요. 제 친구들 차는 다 벤츠, 아우디인데 작살나더라고요. 여자친구도 차 바꾸자고 난리예요. 쪽팔리다고."

"친구들이 잘사나 보네."

"뭐 잘사는 놈들도 있고, 그냥 평범한 놈들도 있고. 할부 36개월이나 48개월 하다가 끝날 때쯤 바꾸는 거죠. 요즘 엔 3, 4년에 한 번씩 바꾼다고 하더라고요."

"와, 나는 11년째 타고 있는데…… 매달 고정비가 만만치 않겠네. 대단들 하다."

"한 달에 술 한 번, 커피 몇 잔 안 마시면 되는데요 뭘."

"그게 쉽게 될까. 소비패턴을 완전히 바꿔야 하는 건데."

정 대리는 하루 종일 자동차만 알아본다. 신차도 보고 중고차도 본다. 김 부장이 슬금슬금 걸어오면 재빨리 화면을 바꾼다.

김 부장의 특기는 멀리서 팀원들 뭐 하는지 감시하기다. 소리 소문 없이 조용하게 다가와 뒤에서 모니터를 보고 있던 적이 한두 번이 아니다. 목에 방울을 달아주고 싶다. 그래서 왼손은 늘 'ALT+TAB'을 누를 준비가 되어 있다. 화면 빨리 바꾸기는 정 대리 전문이다.

사고 싶은 차는 정 대리가 생각한 예산보다 조금씩 비싸다. 보다 보니 점점 가격대가 올라간다. 이러다가 롤스로이스까지 갈 기세다.

5

현실 타협이나 할 겸 비트코인을 확인한다.

오우!

천만 원 넣어두었던 것이 지금 1,500만 원이 되었다.

옆 자리 송 과장에게 사내 메신저로 메시지를 보낸다.

'송 과장님 비트코인 보세요. 천만 원 넣었는데 지금 1,500만 원 됐습니다.'

'많이 올랐네. 좋겠다.'

'과장님도 빨리 비트코인 사세요. 지금이 바로 사야 할 때입니다.'

'비트코인도 말이 많던데 안전한지 모르겠어. 몇 년 전에 정 대리도 몇천 잃었다고 하지 않았어?'

'그때는 그때고, 지금은 다르다니까요. 일론 머스크도 인정했잖아요. 과장님도 이제 비트코인의 배에 올라타셔야죠. 여자친구가 차 빨리 바꾸자고 하는데 이참에 확 바꿔

버릴까봐요. 같이 돈 벌어서 저랑 같이 차 바꿔요.'

정 대리는 차는 바꾸고 싶은데 누군가와 같이 바꾸고 싶
다고 생각한다. 같이 사면 안심이 되기 때문이다. 나만 손
해봤다거나 나만 돈 썼다는 느낌이 덜하다. 자신과 같이
돈을 쓴 사람이 있어야 '나만 사는 게 아니라'는 심리적
핑곗거리가 생긴다.

송 과장이 말한다.
'그런데 정 대리 결혼한다며? 신혼집부터 알아봐야 하지
않아? 차는 나중에 바꿔도 되잖아.'
'집이야 그때 가서 알아보면 되죠. 전세 아무 데나 들어가
려고요.'
'요즘 전셋값 만만치 않은데 미리 알아봐두는 게 좋을 거야.'
'어떻게 되겠죠. 근데 새 차 살까요, 중고차 살까요?'
'차는 감가가 크니까 중고가 낫지 않을까?'
'그쵸? 저도 중고로 살까 해요. 자전거도 중고로 샀는데
멀쩡하던데요.'
'자전거? 좋은 거 샀어?'
'500만 원짜리 샀어요.'

'500? 중고가? 무슨 자전거가 그렇게 비싸?'

'도그마라고 하는 건데요. 새 거는 천만 원 넘어요. 동호회에서는 이 정도 타야 알아줍니다.'

'와…… 월급보다 세네. 나름 그 안에서 등급이 있나 봐.'

'운동 목적도 있지만, 동호회인들 사이에서 보여지는 것도 중요해요. 이러려고 돈 버는 거죠, 하하.'

정 대리는 회사를 대표하는 욜로족이다. 욜로신이 있다고 퍼뜨리고 다닐 정도의 욜로 광신도다. 여자친구도 둘째 가라면 서러운 욜로족이다. 두 사람은 그 부분이 참 잘 맞는다.

최근에 여자친구 생일 선물로 100만 원짜리 목걸이를 선물했고, 여자친구에게 50만 원짜리 지갑과 50만 원짜리 구두를 받았다.

주식? 코인? 남들 하니까 정 대리도 그냥 하긴 한다. 하지만 돈 더 벌려고 아등바등 하면 뭐 하나 싶다. 죽어라 노력해서 한 계단 올라갈 때 옆의 놈은 다이아수저, 금수저 물고 태어나서 이미 머리 꼭대기에 있는데. 열심히 해봤자다. 그냥 지금 즐기며 사는 게 더 낫다고, 정 대리는 생각한다.

요즘 들어 업무시간에 모니터보다는 핸드폰을 보는 시간이 더 많다. 김 부장이 눈치를 주는 것 같지만 정 대리는 별로 신경 쓰지 않는다. 옆의 팀원들도 자기 할 일에만 열중하는 스타일이어서 크게 신경 쓰지 않는다. 동료들은 물질적 고민 없이 현재를 즐기는 듯한 정 대리가 부러울 때도 있다고 했다. 정 대리는 자신이 잘하고 있다고 생각한다.

6

오늘은 팀 회식 날이다.

김 부장이 어디로 가고 싶은지 묻는다. 팀원들에게 정해서 알려달라고 한다. 이런 건 보통 팀 막내가 의견을 취합하는 법. 권 사원이 팀원들에게 의견을 묻는다.

"정 대리님 뭐 드시고 싶으세요?"

"나는…… 태국 음식? 저기 건너편에 생겼는데 술도 파는 것 같던데."

"송 과장님은 뭐 드시고 싶으세요?"

"나도 그 태국 식당 궁금했어. 권 사원은 뭐 먹고 싶어?"

"저도 태국 음식 좋아해요. 옆 팀 동기들이 거기 맛있다고 하더라고요."

권 사원은 바로 김 부장에게 가서 팀원들이 정한 곳을 말한다.
"부장님, 길 건너편에 있는 태국 음식점으로 정했습니다. 괜찮으세요?"
"태국 음식? 회식에? 회식하는데 무슨 동남아 음식이야. 그리고 나 고수 싫어해. 지난번에 갔던 삼겹살 집으로 예약해."
"네…… 부장님."

송 과장은 권 사원을 향해 고개를 끄덕인다. 원래 그런 사람이니 이해해라, 선배가 챙겨주지 못해 미안하다, 무언의 메시지를 보낸다.
어차피 본인이 정할 거면서 왜 물어보는지 알다가도 모르겠다. 권 사원은 고개를 절레절레 흔들며 한숨을 내쉰다.

업무시간이 끝나자마자 김 부장과 팀원들은 회식장소로 향한다. 삼겹살 집이다.

천장에는 연기가 자욱하다. 와이셔츠 입은 사람들이 가득 앉아 있다. 홀을 둘러보니 다른 사업부 사람들도 있다. 제발 합석은 안 했으면 좋겠다. 정 대리는 김 부장과 같은 테이블에 앉는다.

"아줌마! 목살 6인분에 참이슬이랑 카스 두 병씩!"
김 부장의 목소리가 우렁차다.

팀원들은 일사불란하게 테이블을 세팅한다. 한 명은 수저를 놓고, 한 명은 물을 따르고, 한 명은 앞치마를 가져온다.

뜨거운 숯불이 나온다. 철판이 올려진다. 시뻘건 고기와 집게, 휘어진 가위가 나온다. 은박지 안에 옹기종기 담긴 마늘이 나온다.
김 부장은 집게를 집더니 마늘이 담긴 은박지를 철판 한쪽 구석에 올린다. 고기는 두 줄로 정렬하여 올려놓는다. 치이익 소리를 내며 연기가 살살 올라온다.
정 대리는 맥주와 소주 뚜껑을 딴다. 팀원 잔들을 한데 모아 소맥을 만다. 김 부장 잔에는 티 나지 않게 소주를 더 많이 붓는다.

김 부장이 시작한다.

"자자 잔들 들어. 들었어? 우리 부서의 희망찬 미래를 위하여 하면 '위! 하! 여!' 하는 거야. 알았지?"

김 부장이 잔을 들고 숨을 들이쉬더니 우렁차게 외친다.

"우리 부서의 희망찬 미래를 위하여!"

"위! 하! 여!"

팀원들이 작지도 크지도 않게 '위하여'를 따라 외친다.

별로 희망차지도 않다. 별로 위하는 마음도 없다.

김 부장은 팀원들의 술잔을 확인한다.

"권 사원! 첫 잔은 원샷이야! 빨리 마셔! 야! 송 과장! 남기면 어떡해? 다 비워 빨리!"

오늘 회식도 김 부장이 주도하는 대로 흘러간다. 정 대리는 이런 회식이 마음에 들지 않는다. 이러다가 김 부장이 곧 자신이 그동안 회사에서 세운 업적 같은 이상한 소리를 시작할 것 같다. 그런 일장 연설을 듣느니 명품 이야기가 낫겠다고 생각한다.

정 대리는 김 부장이 최근에 가방을 바꾼 게 기억난다. 어울리는지는 잘 모르겠지만 어쨌든 꽤 괜찮은 거다. 전부터 차고 다니는 시계는 별로다. 김 부장한테 어울리지 않는다. 정 대리는 아부인지 저격인지 모를 멘트를 던진다.

"부장님, 부장님 정도면 롤렉스 차셔야 하지 않나요?"

"왜? 내 태그호이어가 어때서?"

"태그호이어는 젊은 사람들이 입문할 때나 하는 거잖아요. 요즘은 롤렉스에 무슨 마리나⋯⋯? 그거 많이 하던데요."

"시계 살 돈 없어. 얼마 전에 그랜저 풀옵션 뽑았잖아."

"진짜요? 그랜저 실내가 완전 뽀대난다던데, 역시 부장님이십니다."

정 대리는 김 부장이 혹시 시계 얘기에 마음 상했을까봐 살짝 띄워주며 눈치를 본다.

"그치 그치, 실내 죽이지. 정 대리가 역시 보는 눈이 있네. 다음에 성과급 나오면 정 대리가 말한 롤렉스 한 번 알아볼게."

"하하, 제가 잘은 모르지만 차, 시계, 구두, 이런 거 좋아합니다. 부장님 가방도 좋은 거잖아요. 다 알고 있습니다."

"얼마 전에 바꿨어. 역시 정 대리는 알아보네. 모르는 사람들은 모른다니까. 아는 사람만 알아. 하하하. 이 친구 뭘 좀 아네."

#정대리 #대기업 #외제차 #회사원스타그램   **29**

새 가방을 칭찬해주니 엄청 좋아한다.

"저도 부장님 가방 같은 거 사고 싶은데 차 사려고 돈 모으고 있습니다. 지금 타는 10년 된 아반떼가 고장은 없는데 친구들이 하도 바꾸라고 해서요. 여자친구도 그러고요."

"그래, 아반떼가 뭐야, 아반떼가. 바꿀 때 됐지. 바꿔 바꿔. 대기업 다니는 사람이 아반떼가 뭐야? 쪽팔리게."

"하하. 네, 한잔드시죠. 부장님."

7

고기가 거의 다 익어간다.

마늘이 너무 익었는지 한쪽이 다 타버렸다. 고깃집의 휘어진 가위는 참 잘 잘린다. 이 가위를 볼 때마다 집에다 하나 사다 놔야지 하는데, 고깃집을 나서는 순간 기억이 안 난다. 정 대리는 휘어진 가위로 고기를 자른다. 김 부장이 먹기 좋아하는 사이즈를 잘 알고 있다.

김 부장이 업무 전화를 받으러 밖으로 나간다. 옆 테이블에서는 송 과장과 권 사원이 조용히 얘기하는 중이다.

"송 과장님, 요즘 출근하기가 너무 힘들어요. 1호선 타고 다니는데 너무 붐벼서 숨 쉬기도 힘들어요. 특히 가산디지털단지…… 으……. 장난 아니에요."

"거기 회사가 많아서 그런가?"

"네. 송 과장님도 지하철 타고 다니세요?"

"어. 나는 일부러 첫차 타고 다녀. 아침시간에는 사람이 거의 없어서 그때 타."

"첫차요? 와아, 몇 시에 일어나세요?"

"네 시 반쯤 일어나."

"헉, 진짜 일찍 일어나시네요. 왜요?"

"지하철에 사람이 많기도 하고…… 아침에 책도 보고, 공부도 하려고."

"아…… 저는 아침에 진짜 못 일어나겠던데."

"나도 처음에는 힘들었는데 익숙해지니까 할 만하더라고. 난 아침에 정신도 맑고 집중도 잘 돼서 좋아."

"그런데 송 과장님, 부동산 투자하신다면서요?"

"투자라기보다는 소소한 재테크 정도. 주식은 전혀 모르고."

"저도 모아둔 돈으로 뭐 하나 사볼까 하는데, 추천해주실 수 있으세요?"

"집 사려고?"

"네. 사실 저도 몇 달 뒤에 결혼하거든요. 근데 남편 될 사람이 이런 데 전혀 관심이 없어요."

"축하해! 우리 팀에 좋은 일이 두 번이나 있네. 정 대리하고 권 사원. 그래서 신혼집 보려고 하는구나?"

"네, 이제 알아봐야 할 것 같아서요."

"그러면 살고 싶은 지역하고 아파트 단지를 세 군데만 정해와봐. 거기서 봐줄게."

"제가 부동산을 하나도 몰라서요. 뭘 봐야 할지 모르겠어요."

"우리 회사랑 남자친구의 직장 위치를 고려해서 동네부터 골라봐. 그러고 나서 무슨 아파트가 있나 한 번 봐봐. 직접 가봐도 되고 네이버 지도로 찾아봐도 되고. 원래 처음엔 다 어려워."

"네, 한 번 찾아보고 알려드릴게요. 그리고 저 결혼한다는 건 김 부장님께 비밀이에요. 아시면 회식에 남자친구 데리고 와라, 자기한테 허락받아라, 이상한 말씀 하실 거 같아서요."

"알았어. 권 사원이 적절한 때에 말씀드려."

김 부장이 자리로 돌아온다. 상추와 깻잎을 뒤적거리더니 기차 화통을 삶아먹은 것 마냥 크게 소리 친다.

"아줌마! 여기 상추랑 깻잎이 죄다 벌레 파먹은 것들이야! 이런 걸 주면 어떡해? 빨리 깨끗한 걸로 바꿔줘! 쌈장하고 마늘도 꽉 채워서!"

술에 취한 김 부장의 목소리가 가게 전체에 쩌렁쩌렁 울린다. 술이 들어가면 들어갈수록 풍부해지는 발성량이 어마어마하다.

종업원은 낮은 사람, 본인은 높은 사람. 다 같은 사람인데 직업으로 높낮이를 판단하는 듯한 태도가 팀원들은 불편하다.

8

며칠 뒤, 정 대리는 새로 산 외제차를 타고 회사에 출근한다.
중고차 사이트 엔카에서 뒤지고 뒤진 끝에 보험 이력 깨끗하고 연식 대비 킬로 수 적은 차를 하나 업어왔다. 아반떼는 그 딜러에게 넘겼다. 추억이 담긴 차를 떠나 보내자니 잠시나마 가슴이 찡하다. 이 심정은 차를 팔아본 사람만이 안다. 아련한 마음에 사진을 한 장 찍어둔다.

#정대리 #대기업 #외제차 #회사원스타그램

그래도 새 차를 끌고 오니 기분이 좋다. 이따 퇴근하고 여자친구와 북악 스카이웨이로 드라이브 가기로 약속했다.

회사에 외제차 끌고 다니는 대리라니, 정 대리는 성공한 기분이다. 나랑 결혼하는 여자는 땡 잡은 거지, 하고 생각한다.
누가 문콕할까봐 일부러 옆자리가 비어 있는 곳을 찾아 주차한다. 시동을 끄고 머리를 한 번 쓸어 넘긴다. 양치를 했는데 치아 사이에 뭔가 낀 것 같다. 어제 주유하고 받은 영수증 모서리로 이를 쑤신다.

잠시 후 검정색 차가 들어오더니 정 대리의 차 오른쪽 옆에 주차한다. 빈자리가 이렇게 많은데 굳이 옆에다 댄다. 정말 무개념이다. 뿔이 난 정 대리는 휙 고개를 돌려 옆 차를 본다.
김 부장이다!

김 부장이 주차장 자리 부족하다고 사원, 대리급은 차를 가지고 오지 말라고 했다. 정 대리는 모른 척해야겠다고 생각한다. 다른 방향을 보면서 전화하는 척한다. 김 부장이 빨리 내려서 사라지길 기다린다.

김 부장이 터벅터벅 엘리베이터 쪽으로 걸어간다. 뒷모습인데도 이상하게 기분이 안 좋아 보인다. 어제 사모님과 싸웠나 보다. 아니면 출근길에 새치기한 차랑 욕을 한 바가지씩 주고받았거나.

5분 후에 정 대리도 사무실로 올라간다. 차 키를 책상 위에 올려놓는다. 밋밋하던 책상 위에 동그라미 안을 4등분한 피자 모양 로고의 차 키가 있으니 느낌이 다르다. 두 조각은 흰색, 두 조각은 파란색. 성공한 대기업 직원 느낌이 난다.

크…… 대기업에서 가장 잘나가는 대리.

예쁜 여자친구와 곧 결혼.

다음 주 금요일 쉬는 날과 월요일 연차 하나 붙여서 3박 4일 제주도 프로포즈 여행.

다녀와서 한 달 뒤 결혼식.

완벽하다.

화려한 날들만 기다리고 있다.

그런데 아까부터 김 부장이 자꾸 정 대리를 쳐다보는 느낌이 든다. 헤어스타일이 궁금한 건가. 예전에 괜찮은 무스를 추천해달라고 해서 무스 대신에 왁스를 추천해줬다. 왁스를 어떻게 쓰는지 모르겠다며 다시 무스를 쓴다고 한다. 결국 하던 대로 할 거면서 왜 물어보는지.

오늘 향수 좋은 거 뿌렸는데 눈치 챘나 보다. 이번에도 무슨 향수인지 궁금해하는 것 같다. 비싸고 좋은 건 용케도 알아보는 김 부장이다.

정 대리는 모니터와 키보드 사이에 차 키를 두고 사진을 한 컷 찍는다. 모니터가 꺼져 있으니 사진이 별로다. 전원을 켠다. 파워포인트를 띄운다. 열심히 일하고 있는 느낌이 나도록 세팅한다. 다시 찍는다. 인스타에 업로드 한다.

#정대리 #바쁨 #회사원스타그램

9

프로포즈 여행 날이다.

스티커가 덕지덕지 빈틈 없이 붙어 있는 리모와 알루미늄

캐리어를 창고에서 꺼낸다. 여행용으로 가지고 갈 때 이만한 게 없다. 공항에 이 캐리어만 끌고 가도 지나가던 사람들이 한 번씩은 쳐다본다. 옷과 액세서리를 가득 채운다. 3박 4일인데 한 달은 매일 갈아입을 수 있을 정도다.

김포공항에 도착한다. 여자친구와 수속을 마치고 게이트로 간다. 비행기에서 무조건 사진 찍어야 할 장소는 게이트와 비행기를 연결하는 다리통로다. 설렘이 가장 극대화되는 장소다. 꾸민 듯 안 꾸민 듯 차려입은 공항패션까지 사진 한 컷에 반드시 담겨야 한다.

비행기에 탑승한다. 이코노미석을 예약했는데 여자친구가 비즈니스석에 앉는다. 사진만 찍어달라고 한다. 선글라스를 머리 위에 걸치고 잡지를 보는 척한다. 그럴 듯하다. 사진을 수십 장 찍고 본래 자리인 이코노미석으로 간다. 제주도 도착하기 전인데 벌써 100장은 찍었다.

여자친구는 앞머리에 롤을 감는다. 정 대리와 여자친구는 피곤했는지 이륙도 하기 전에 잠이 든다. 정 대리는 고개를 뒤로 젖혀 입을 떡 벌리고 있다. 여자친구는 고개가 한

쪽으로 기울어져 복도를 막고 있다.

비행기가 이륙하고 수평으로 날기 시작한 지 얼마 되지 않은 것 같은데 착륙을 준비하라는 방송이 나온다. 제주도까지의 비행은 짧기만 하다.

제주공항에 도착해서 렌터카를 빌려 시동을 건다. 오픈카다. 지붕이 열리는 버튼을 누른다. 천천히 열린다. 정 대리는 이 순간을 만끽한다.

뚜껑이 완전히 열린 모습보다 뚜껑이 열리는 그 순간이 진짜다. 렌터카라도 상관없다. 사진 찍을 때 '허' 번호판만 찍히지 않으면 된다. 그동안 인스타를 보면서 느꼈던 부러움과 질투심을 자신의 팔로워들도 그대로 느끼면 된다. 내비게이션에 호텔 이름을 입력하고 액셀을 밟는다.

공항을 나와 국도로 올라선다. 여자친구가 제주도의 신선한 공기를 마신다며 상체를 세우고 팔을 쫙 뻗는다. 신난다고 소리를 지른다. 속도를 올린다. 바람이 여자친구의 머리카락을 휘날린다.

순간, 날파리들이 그녀의 입속으로 와르르 들어간다.

"퉤퉤, 아 이거 뭐야!"

"왜? 입에 뭐 들어갔나?"
"100마리는 먹은 거 같아. 아, 씨……. 화장실 좀 들렀다
가자. 오빠."

마침 시야에 괜찮은 대형 카페가 보인다.
"화장실 가는 김에 저기 들렀다가 갈까?"
"그래."
"사진도 좀 찍고."

넓은 주차장에 차를 대고 카페로 들어간다. 높은 천장에
여러 개의 팬이 돌고 있다. 커피머신이 원두 가는 소리를
낸다. 직원들은 납작한 모자를 쓰고 있다. 몇몇은 운동화,
몇몇은 크록스를 신고 있다. 다들 일사불란하게 움직인다.

정 대리는 일단 어떤 부류들이 있나 실내를 스캔한다.
우리는 서울에서 온 잘나가는 커플인데.
우리만큼 잘난 커플이 있나.
음…… 없다. 역시…….
정 대리는 괜히 우쭐대며 선글라스를 벗는다.

여자친구는 메뉴에 시그니처라고 표시된 '제주 유기농 화이트초코칩 더블 블렌딩 라떼'를 시킨다. 정 대리는 '제주 오가닉 오렌지 감귤 한라봉 바닐라크림 프라푸치노'를 시킨다.

요즘 카페의 음료 이름은 참 길다. 제주도는 귤 종류의 과일이 유명하니 이런 걸 커피에도 넣나 보다. 신기하다. 메뉴 이름이 제주로 시작하니 제주도에서만 먹을 수 있는 것이 분명하다.

정 대리는 신용카드를 내민다. 카드는 검지와 중지 사이에 끼워 구부렸다가 피면서 종업원에게 내밀어야 한다. 그게 간지다.

종업원이 카드를 받아 포스 기계에 꽂는다.

"손님, 한도 초과라고 뜨는데요?"

"네? 설마요. 다시 한 번 해보세요."

"한도 초과예요."

"아, 그럼 이 카드로 해주세요."

정 대리가 허둥지둥 지갑에서 다른 카드를 뽑아 건넨다.

삐—

"이것도 한도 초과인데요."

"어, 이럴 리가 없는데……."

정 대리는 식은땀이 난다.

카드사에 급히 전화를 건다. 카드사에서는 더 이상 증액을 해줄 수 없다고 한다. 이제 여행 시작인데 큰일이다. 식당이랑 카페, 갈 곳들 다 정해놨는데. 프로포즈 여행에 벌써부터 어두운 그림자가 드리운다.

한도 초과는 한도 초과고, 사진은 사진이다.

찰칵찰칵 찰칵찰칵.

정 대리와 여자친구는 하루에 수백 장, 아니 수천 장의 사진을 찍는다.

준비한 프로포즈도 사진 찍느라 제대로 진행되지 않았다. 로맨틱한 말을 할 만하면 여자친구가 바로 "잠깐 잠깐, 사진 좀 찍고!"라며 분위기를 깬다. 하지만 사진에서는 왕자와 공주의 약혼식 같은 분위기로 나온다.

결혼 약속을 하기 위해 프로포즈를 하는 건지, 사진을 찍기 위해 프로포즈를 하는 건지, 인스타에 올리기 위해 프로포즈를 하는 건지 모르겠다.

그래도 핸드백 받는 순간만큼은 진심으로 웃어줘서 정 대리도 기쁘다. 그렇게 프로포즈 여행이 지나간다.

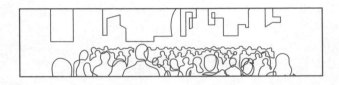

권 사원은 오늘도 출근

1

화요일 아침이다.

오늘도 김 부장 팀의 아침 풍경은 평화롭다.

김 부장은 후루룩~ 후루룩~ 해장국 마시듯 믹스커피를 들이켠다.

송 과장은 특유의 꼿꼿한 자세로 업무에 몰입 중이다.

정 대리는 여행 후유증으로 축 늘어져 있다.

권 사원은 출근 후유증으로 축 늘어져 있다.

김 부장 팀의 막내 권 사원은 올해 3년차 사원이다. 눈물 나는 취업준비생 시절을 거쳐 대기업 합격 통보를 받았을 때는 세상을 다 얻은 듯 기뻤다. 그런 권 사원이 회사에서 웃음을 잃는 데는 3년이 채 걸리지 않았다. 회사생활이 일

만 잘한다고 되는 게 아니구나, 실감한다. 그리고 일을 잘
한다는 게 무엇인지도 이제는 헷갈리고 있다.
그런 권 사원을 오늘 가장 힘들 게 한 건…… 1호선이다.

권 사원은 매일 아침 지하철 1호선 상행선을 타고 남쪽
끝에서부터 국토종주를 하는 탓에 아침부터 다크서클이
내려와 있다. 멀기도 멀지만 1호선이라는 공간이 권 사원
을 피곤하게 만든다.
1호선에는 1호선만의 독특한 냄새가 있다. 눅눅하고 꿉꿉
하고 퀴퀴한 복합적인 냄새다. 그러나 5분 정도 지나면 냄
새에 익숙해져 더 이상 의식하지 못한다. 그렇게 5분이 지
나 냄새가 잊혀질 만하면 독특한 사람들이 하나둘 나타
난다.

예수 안 믿으면 지옥 간다는 종교인, 혼자서 열변을 토하
는 정치인, 침 튀기며 우주의 신비에 대해 강연하는 교수
님, 빠른 걸음으로 사람들 어깨를 밀치며 칸을 이동하는
럭비 선수, 손잡이에 매달려 턱걸이 하는 체조 선수, 클럽
인 것마냥 이어폰 음악 소리가 주변 사람들에게까지 들리
도록 크게 듣는 음악인. 그들 말에 의하면 음악이야말로

국가가 허락해준 유일한 마약이라고 한다.

이들을 잘못 마주치면 출근길이 더 피곤해진다. 다른 칸
으로 옮겨도 이들 중 한 명은 꼭 있다. 탈 때는 고난, 내릴
때는 환희의 1호선이다.
송 과장님처럼 새벽에 나올까, 권 사원은 잠시 생각한다.
그런데 아침에 일어나는 게 너무 힘든데.
야행성 인간으로 삼십 년 가까이 살았는데 가능할까.

권 사원은 최근에 회식 끝나고 올라탄 지하철 막차에서 못
볼 꼴을 보고 말았다. 일곱 좌석을 차지하고 누워 자던 아
저씨가 갑자기 일어나더니 바지를 내리고 소변을 보는 모
습은 가히 트라우마급이었다. 더 충격적인 건 그 소변이 짙
은 파란색 직물 시트에 스며들어 전혀 티가 안 난다는 것.
누군가 저기 또 앉을 텐데. 권 사원은 벌떡 일어나고 싶었
다. 지금 앉은 자리에서도 어떤 일이 있었는지 알 수 없지
않은가.
아닐 거야, 설마, 아니겠지.
애써 아닐 거라 위안하며 권 사원은 지하철 1호선에 지친
몸을 뭉갰다.

권 사원은 어제 남자친구와 신혼집 문제로 팽팽한 대화를 나눴다.

남자친구와 집 문제에 대한 간극이 전혀 좁혀지지 않는다. 권 사원은 자신의 얕은 지식으로는 도저히 남자친구를 설득하기 어렵다고 생각한다. 송 과장에게 메시지를 보낸다.

'송 과장님 잠시 시간 괜찮으세요?'

'이것만 끝내고 휴게실로 갈게.'

권 사원은 먼저 휴게실에 들어가 종이와 펜을 들고 앉는다. 송 과장이 얼마 뒤 들어온다.

"그때 말한 집 때문에?"

"네, 말씀하신 숙제는 하고 있어요."

"하하. 숙제는 무슨."

"남자친구랑 같이 알아보려고 하는데 자꾸 집값이 일본처럼 폭락할 거라고 우기네요. 지금 집값의 반의 반이 될 거라고 겁주는데…… 휴우, 남자친구 설득하는 게 먼저인 것 같아요."

"남자친구도 나름 여기저기 알아본 것 같네."

"네, 제가 결혼 전에 미리 집 사두자고 하니까 자기 딴에는 부동산 유튜브를 열심히 보더라고요. 그런데 집값 반토막 날 거라는 폭락론자들 채널만 보고 있으니 그 말만 믿고 집은 지금 사면 절대 안 된다고 그러네요. 후원 계좌로 돈도 보냈대요. 저랑 만나면 분식만 먹으면서 그런 데는 이상하게 돈도 잘 써요."

"흠…… 그 사람들은 사람들 불안을 자극해서 장사하는 사람들인데……."

송 과장은 잠시 말을 고르는 듯하더니 얘기를 시작한다.

"이건 내가 직접 남자친구한테 설명해주고 싶네. 권 사원이 잘 들어뒀다가 얘기해줘. 간단하게 라면으로 예를 들어볼게. 옛날에는 200원이면 라면을 살 수 있었어. 지금은 800원? 그 정도 하나? 한 묶음에 5,000원 정도 하니까 하나에 1,000원 정도 하겠네. 그럼 거의 다섯 배가 오른 거지. 동시에 인건비, 물류비, 광고비 모든 비용이 다 올랐는데 그게 다시 400원, 300원으로 떨어질 수 있을까? 10년 전만 해도 만 원 가지고 가면 편의점에서 꽤 많이 살 수 있었어. 요즘은 과자 몇 개만 집으면 만 원이야. 집도 다르지 않아. 그런데 집이라는 건 과자나 라면처럼 공장에서 하루에 수만 개씩 찍어내는 게 아니라 수량이 절대적으로

한정되어 있어서 희소성이라는 프리미엄이 붙어. 거기에
교통, 학군, 조망, 각종 인프라 등등 삶을 윤택하게 만드는
프리미엄이 또 붙는 거지."

"아…… 복잡하네요. 송 과장님, 그럼에도 불구하고 폭락
이란 게 올 수 있을까요?"

"글쎄, 내 생각에는 상황에 따라 일시적 조정이 올 수는
있겠지만 폭락이 오진 않을 거 같아. 폭락이 오기 어려운
이유는…… 인플레이션, 자산가치, 집이라는 특성…… 좀
복잡한데 너무 방대한 내용이라 다음에 설명해줄게."

권 사원은 궁금한 게 많다.

"그런데 일본은 왜 집값이 폭락한 거예요?"

"일본은 당시에 1억짜리 집을 사면 1억 대출을 해줬어.
5억짜리 집을 사면 6억, 7억까지 대출을 해주는 경우도 있
어서 가격 거품이 엄청났지. 근데 우리나라는 기본적으로
주택담보대출 40퍼센트로 제한되어 있잖아. 신용대출도
까다롭게 심사하다 보니까 대출건전성이 상당히 좋은 편
이고. 뉴스에서는 대출이 사상 최대라고 나오지? 그걸 보
고 겁내는 사람들이 많아. 대출이 너무 많아서 이러다 터
지는 거 아니냐고. 그런데 반대로 대출이 줄어들면 그게

더 무서운 일이야. 대출이 줄어든다는 건 시중의 돈을 회수하려고 한다는 뜻이거든. 위기의 신호탄인 거지. 그러니 대출이 늘어나고 있는 걸 막연히 나쁘게만 보지 마. 통화량이 늘고 물가가 오르고 소득이 오르는 만큼 대출이 늘어나는 건 당연한 거야. 물론 너무 급격히 비정상적으로 늘면 문제가 되지만 말이야."

그때 김 부장이 휴게실에 들어온다.
"어이, 거기 둘이 뭐해? 업무시간에 데이트 하는 거야? 시킨 일은 다 했어?"
"네…… 얘기 금방 끝내고 가겠습니다."
송 과장이 대답한다. 김 부장이 나간다.

"아, 진짜 부장님……,"
"신경 쓰지 마. 그냥 할 말이 없으셔서 그래."
"아까 하던 얘기 계속하면요. 일본에 빈집이 많다고 하던데요. 우리나라도 그렇게 될까요?"
"그건 우리나라도 머지 않아 벌어질 일이야. 인구가 줄어들고 제조업이랑 농업 기반이 약해질수록 지방 소도시 인구는 주변 대도시로 흡수되게 돼 있어. 서울, 경기도, 광역시들은 점점 커지고 그 사이에 있는 위성 도시들은 점점 역할이 줄어들 거야. 그런 곳에서는 빈집이 늘어나겠지. 경기도를 앞으로는 큰 서울이라고 봐도 될 거야. 대도시는 확장되고 지방 소도시는 슬럼화 되고…….'

권 사원은 열심히 메모한다.
남자친구에게 설명을 해줘야 하는데 경제관념 제로인 남자친구가 과연 이해할까.
폭락론에 심취해 있는 남자친구를 어떻게 구제해야 하나.

"실은 작년에 제가 전세가랑 매매가 차이가 거의 안 나는 아파트를 하나 사두려고 했었는데요. 아버지가 못 사게 말리시더라고요. 어린애가 무슨 벌써 집이냐고. 그러면서 지금 집값이 너무 많이 올라서 꼭지라고 하는 거예요. 그런데 집값이 너무 많이 올랐잖아요. 지금은 갭이 너무 커서 살 엄두도 못 내요."
"음…… 권 사원 아버님은 어디에 사시는지 물어봐도 될까?"
"휴전선 쪽에 오래된 나홀로 아파트에 사세요."
권 사원은 창피하지만 솔직하게 말했다.

"휴전선? 그쪽에 나홀로 아파트면 시세가 오히려 빠졌겠는데?"

"20년 전 가격 그대로라고 하셨어요."

"다른 곳은 다 올랐는데 옛날 가격 그대로면 현금 가치를 봐서라도 손해를 보신 거네. 어르신 세대는 본인들의 좋지 않은 경험을 자녀들이 반복하지 않았으면 해서 진심으로 걱정하시지. 이해해. 그런데 권 사원이 집을 사려면 부모님과 상의하는 것도 좋지만 부동산으로 성공한 사람, 부동산 전문가라고 하는 사람들의 말을 듣는 게 중요해."

"맞아요. 사실 저희 부모님은 부동산에 대해 아무것도 모르세요."

"권 사원이 직접 공부하고 보고 판단하는 게 좋을 거야."

"네, 송 과장님 그때 내주신 숙제는 계속 하고 있어요. 끝나면 알려드릴게요."

"그래."

3

권 사원은 처음으로 프로젝트를 맡게 되어 업무에 열중한다.

원래 사원에게는 프로젝트 보조 역할만 맡기는데, 인력이
부족하다 보니 어쩔 수 없이 권 사원에게 일이 떨어지게
되었다. 회사 제품의 전반적인 시장조사와 그에 대한 전략
이다. 팀에서는 이 프로젝트를 꽤 비중 있게 다룰 예정이
라고 했다. 김 부장은 송 과장과 협업하되 권 사원이 주도
적으로 할 것을 지시했다.

꼬박 3주를 이 프로젝트에 올인했다. 꼼꼼하게 조사하고,
분석하고, 관련자들 인터뷰까지 마친 후 자료를 만들었다.
송 과장과 정 대리도 옆에서 물심양면으로 도우며 수정사
항을 체크하고 최종본을 정리해갔다.
완성. 드디어 완성. 권 사원은 떨리는 손으로 보고서 최종
본 파일을 첨부해 김 부장 앞으로 이메일을 보낸다.
김 부장 역시 전무님과 상무님 앞에서 발표해야 하는 자
료인 만큼 매의 눈으로 살핀다. 양 눈썹이 가까워지며 미
간에 주름이 생기도록 열심히 보고 또 본다.

대망의 프로젝트 발표날. 권 사원은 청심환을 먹고 출근했다. 3년 전 회사 면접을 볼 때 이후로 청심환을 먹은 건 처음이다. 수십 번 읽고 검토하고 프레젠테이션 연습을 했다.

"권 사원, 잠깐 나 좀 봐."

김 부장은 아침 일찍 권 사원을 호출한다.

"권 사원, 오늘 발표 내가 할게."

"네? 제가 하기로 한 거 아닌가요?"

"사원한테 이런 중요한 발표를 시키는 것도 좀 그렇고, 내 생각이랑 다른 부분도 있고."

"……."

"왜 대답을 안 해?"

"네…… 부장님."

당황스럽다. 보고서 작성부터 발표까지 전부 내가 다 준비했는데…….

김 부장이 발표를 한다. 쳐다보면 눈이 빠질 것 같이 밝은 레이저 포인터를 사용한다. 장표가 넘어갈수록 권 사원은 당황스럽다. 김 부장의 발표 내용은 자신이 만든 내용과 많이 달랐다. 김 부장은 권 사원에게 한 마디 상의 없이 자료를 팀 실적에 유리한 방향으로 바꾸고 현실과는 동떨어진 이상적인 방향으로 재편집했다. 현실의 어두운 면은 본인 이미지에 타격이 있을까봐 장밋빛 미래로 편집해 버렸다. 그리고 모든 데이터 분석과 현장조사는 본인이 한 것처럼 포장한다.

권 사원과 팀원들은 멍하니 김 부장을 쳐다본다.

발표가 끝나고 송 과장이 정 대리와 권 사원을 데리고 회사 지하 카페로 내려간다.

"괜찮아?"

"말로만 들었지 실제로 겪으니 진짜 멘붕이네요. 저랑 상의도 없이 내용을 수정하시고…… 본인이 다한 것처럼…… 열심히 만든 자료인데…….'

"부장님은 왜 우리랑 대화를 안 하실까? 자기 생각은 좀 다르니 같이 바꿔보자, 이런 얘기만 해도 될 텐데……. 몇 년째 이런 식인지 모르겠네."

"하아, 진짜 속상하네요."

옆에 있던 정 대리가 투덜거린다.

"저런 사람을 팀장 시키는 회사가 잘못된 건지 그냥 팀장이 이상한 건지, 참 알다가도 모르겠어요. 다른 스트레스는 모르겠는데 회사에서 직원들 성취감이나 보람까지 무너뜨리는 건 진짜 힘 빠지네요. 연봉이나 실적 압박 같은 것보다 이런 게 더 열받아요. 권 사원 열심히 했는데……."

4

정적이 흐른다.

송 과장이 주제를 돌려본다.

"정 대리는 제주도 잘 갔다 왔어?"

"아…… 카드 한도가 초과해서 여자친구 카드로 다 쓰고 왔거든요. 진짜 쪽팔리더라고요."

"하하, 완전 눈치 보였겠네. 뭘 했기에 한도 초과야?"

"선물로 핸드백 500만 원짜리를 할부로 샀는데 그걸 까먹었더라고요. 또 필라테스 다니고 싶다고 해서 등록해줬는데 그게 1회에 7만 원이거든요. 10회 등록하면 1회 무료로 해준다고 해서 그렇게 했는데…… 그래도 7만 원 벌었습니다."

"결혼 전에 돈 너무 많이 쓰는 거 아니야? 얼마 전에 차도 샀잖아."

"어차피 조금 있으면 월급 또 들어오니까 괜찮아요."

"결혼 얼마 안 남았는데 신혼집은 정했어?"

"아니요. 이제 알아보려고요. 저 한강 보이는 아파트 살고
싶어요."

"한강? 만만치 않을 텐데……. 정 대리랑 권 사원 둘 다 결
혼하지? 여유가 있으면 그냥 사서 입주하는 게 제일 좋지
만 말이야. 그게 아니면 월세로 사는 것도 생각해봐. 전세
금 마련하느라 부모님께 손 벌리거나 은행 대출 받고 이자
내는 것보다 월세 내는 게 나아. 거주 비용과 초기 비용을
최소화해야 어떻게든 돈이 모여."

정 대리가 대답한다.

"월세요? 우리가 고시생도 아니고 월세는 무슨 월셉니까.
다달이 나가는 돈도 아깝고요. 다 없어지는 돈이잖아요."

"아까우니까 월세 싼 데서 살라고. 아직 젊으니까 집이 좀
낡았더라도 고생하면서 버틸 수 있잖아. 대신 전세 보증금
할 돈으로 다른 데 전세 끼고 집 하나 사두는 것도 방법이
야. 그러다 돈이 모이면 들어가 살면 되는 거고."

"흠…… 여자친구한테 한 번 물어볼게요. 근데 월세 산다고 하면 친구들이 무시할 거 같은데…….."

"그래, 상의해봐. 아이 생기면 어쩔 수 없이 한쪽만 일하는 경우가 생길 수도 있으니까 그 전에 한 채 마련해두는 게 좋아."

5

다음 날 아침, 김 부장은 팀원을 한 명씩 불러 면담을 하기로 한다. 인사고과 시즌이라 고과에 대해 설명하려는 것 같다.

"권 사원."

"네, 부장님."

"미안한데 올해 대리 진급 해인 거 아는데 말야. 박 과장이 진급을 한참 동안 못하고 있잖아. 알지? 그래서 박 과장 고과를 잘 줘야 할 거 같아. 권 사원이 이해 좀 해줘."

"네?"

권 사원은 뭘 이해하라는 건지 어리둥절하다. 자신이 진급하는 것과 박 과장 고과를 잘 주는 게 무슨 상관인지 모르겠다.

박 과장은 김 부장과 최 부장의 동기로 몇 년째 팀 고과를 빨아먹고 있는 블랙홀이다. 과장만 10년 넘게 하고 있다. 김 부장은 박 과장이 불쌍하다며 후배들의 고과를 낮추고 박 과장의 고과를 올려주고 있다. 이 때문에 김 부장 팀의 팀원들은 최소 1년씩 진급 누락을 해왔다.

"어느 해보다 공정하고 정의로운 인사 평가로 직원들의 사기를 진작시키고……"
신년 조회사에서 하신 대표의 말씀은 어디로 갔는가.
직원들은 혹시나 했다. 어쩌면 올해는 다를까, 하고 기대했는지도 모르겠다.
하지만 다르지 않았다. 김 부장 역시 변한 게 없다.
김 부장은 사원, 대리급은 아예 진급을 하지 못할 정도로 최저 고과를 주었다. 그리고 동기인 만년 과장 박 과장에게는 최고 고과를 연속해서 주고 있다.
김 부장은 당연하다는 듯이 말한다.
"권 사원은 아직 젊잖아. 그렇지? 그래, 정 대리 들어오라고 해줘."

권 사원은 실망이 크다. 선배들이 회사에 영혼을 쏟지 말라는 이유가 있었다. 수십 번 탈락의 고배를 마신 끝에 어렵게 취직을 했다. 그것도 남들 부러워하는 대기업. 포부를 갖고 회사에 입사했지만, 막상 업무시간에도 쉬는 시간에도 선배들은 주식, 부동산, 코인 이야기뿐이다. 권 사원은 선배들이 속물이라고 생각했다.

그런데 이제 알겠다. 왜 그러는지를. 일부러 그러려고 그러는 게 아니라 회사라는 환경이, 지금의 조직이 직원들을 그렇게 몰아가고 있는 게 아닐까.

권 사원은 생각한다.

나도 그래야 하나.

회사와 나를 철저히 분리해야 하나.

내가 꿈꾸던 직장생활은 이런 게 아니었는데.

임원까지 승진하겠다, 그런 생각까진 해보지도 않았다.

그저 열심히 일하면서 성과도 내고, 그냥…… 잘해보고 싶었는데.

내가 아무리 열심히 해봤자, 잘하려고 애써봤자 소용이 없다.

나만 상처받고, 그냥 그렇게 끝난다.

6

권 사원은 자리로 돌아간다.

너무 화가 나서 무엇을 어떻게 해야 할지 모르겠다. 누구한테 하소연해야 할지도 모르겠다. 무의식 중에 핸드폰을 켜니 부재중 전화가 와 있다. 남자친구다. 때마침 전화해준 남자친구가 고맙다. 권 사원은 통화 버튼을 누른다.

"오빠, 전화했어?"

"이제 통화 가능?"

"어, 괜찮아."

"집 하나 봐둔 거 있는데 위치가 대박이야. 너네 회사랑 우리 회사 딱 중간이야. 지하철역도 완전 가까워."

"그래? 얼만데?"

"전세 4억."

"4억? 너무 비싸다. 전세가 그렇게 비싸?"

"좀 괜찮은 집들은 다 그래."

"그럼 우리 대출 얼마 받아야 하지?"

"3억 정도?"

"그만큼 대출이 나오나?"

"은행 가서 물어봐야지."

"그런데 전에 말했던 우리 팀 송 과장님하고 얘기해봤는데, 전세는 집주인한테 무이자로 대출해주는 거라고……"
"그 사람 말 듣지 마. 집값 떨어진다고 말했잖아. 조금 있으면 반토막 날 거야. 지금 경제 상황 봐. 자영업자들 폐업하고 난리야, 난리."
"오빠, 내 얘기 들어봐. 처음에는 보증금 작고 월세 싼 곳에서 시작하는 게 어때? 그리고 모아둔 돈에 대출금 합해서 전세 낀 집 하나 사놓는 거야. 그럼 나중에……"
"무슨 소리야. 유튜브에서 교수랑 전문가들이 부동산 폭락한다고 했어. 같이 영상 봤잖아. 그 사람들 말이 더 정확하지. 구독자 수가 몇십만 명인데."
"……아, 만나서 얘기해."
권 사원은 푹 한숨을 내쉬고는 전화를 끊는다.

남자친구가 퇴근하는 시간에 맞춰 회사 앞에서 기다리고 있다. 저기서 순진한 얼굴을 하고 손을 흔들고 있는 남자친구. 착한 건 좋은데 왜 이상한 사람들 말은 철석같이 믿는지. 이상한 종교에 빠지지 않은 게 정말 다행이다. 아닌가? 설마 뒷조사를 해야 하는 건 아니겠지? 권 사원은 고개를 절레절레 흔들며 마음을 다잡는다.

"떡볶이 먹으러 갈까? 현선이네."
"또? 어제도 먹었는데…… 그래, 알았어."
권 사원은 이런 걸로 싫은 소리를 하면 너무 쪼잔한 거 같아서 별말 없이 따라간다.

현선이네에 도착했다. 여기는 즉석 떡볶이보다 일반 떡볶이가 더 맛있다고 한다. 세트에 쿨피스도 포함되어 있다며 세트를 주문한다. 주문을 마치고 진동벨을 받는다.

징징징.
진동벨이 소리를 내며 옆으로 미끄러진다.
아, 요즘 진동벨은 디자인도 참 예쁘네.
권 사원은 문득 진동벨 디자인조차 식당이나 카페의 이미지를 결정하는 데 중요한 역할을 한다는 생각이 든다.
맞아, 사소해 보이는 것이 생각보다 마케팅에 큰 역할을 하는 법이지.

그때 남자친구가 떡볶이, 튀김, 순대, 꼬마김밥 세트를 들고 온다. 만날 때마다 분식집만 가는 남자친구가 얄밉다. 분식집이라고 해서 많이 싼 것도 아니다. 원래 검소한 건지 아끼려고 하는 건지 떡볶이를 정말로 사랑해서인지 모르겠다.

권 사원이 남자친구에게 젓가락을 건네며 말을 꺼낸다.
"우리 팀에 부동산 잘 아는 선배가 있는데……."
"집값 폭락한다고 말했잖아."
남자친구가 퉁명스레 말을 끊는다. 그래도 권 사원은 얘기를 이어간다. 결혼해서 같이 살 집인데 남자친구와 더 얘기를 해보고 싶다.
"일시적으로 하락할 수는 있지만 폭락할 수 없는 이유가 있어. 내가 설명해줄게."
"아니야. 폭락한다고. 내 말 믿어. 유튜브에서 그렇게 강의하고 있어. 볼래?"

대화가 안 통한다. 이러다가 싸울 것 같다. 권 사원은 말없이 순대를 떡볶이 국물에 찍어 먹는다. 어제도 먹었고 지난 주에도 먹어서 물릴 것 같다. 그래도 꾸역꾸역 먹는다.

막상 입에 넣으니 들어간다. 싸워서 기분 상하느니 그냥 먹기나 해야지 싶다.

맵다. 쿨피스를 벌컥벌컥 마신다. 늘 하는 곁도는 대화만 반복하다가 헤어진다.

7

다음 날 아침, 권 사원은 어김없이 출근한다.

엘리베이터 하나가 고장 나서 줄이 길다. 약속이라도 한 듯 다 같이 묵념 자세로 고개를 숙인 채 한 손에 핸드폰을 쥐고 화면을 본다. 다들 엄지손가락으로 화면을 넘긴다. 이러다가 인간의 엄지 손가락 지문이 사라질 것 같다.

권 사원 차례가 되어 엘리베이터에 올라탄다. 사람들이 뒤에서 밀고 들어온다.

삐—

삐 소리에 마지막에 탄 사람이 내린다. 창피한 것 같은데 티는 안 내려고 느긋하게 내린다. 오늘따라 엘리베이터는 지하철보다 밀집도가 더 높다. 바로 앞에 서 있는 아저씨의 셔츠가 땀에 젖어 있다. 땀 냄새가 스멀스멀 콧구멍 속으로 흘러 들어온다. 입으로만 숨을 쉬어본다. 입으로 땀 냄새가 들어오는 것 같다. 찝찝한데 피할 길이 없다. 고개를 돌리는 게 현재로서 내가 할 수 있는 최선이다. 다행히 내려야 하는 층이다. 후텁지근하게 달아오른 엘리베이터에서 뛰듯이 내린다.

사무실로 들어서니 송 과장이 신문을 보고 있다.
"안녕하세요."
"좋은 아침!"
"과장님, 아침부터 신세 한탄 좀 해도 될까요?"
"뭔데 그래?"
"남자친구가 집 얘기만 하면 아예 들으려고 하질 않아요."
"왜 그럴까. 다른 대화할 때도 그래?"
"평소에는 안 그런데 집 얘기할 때만 그래요."

"흠…… 혹시 남자가 집을 해가야 한다는 부담을 갖고 있는 건가? 대출받으면 어차피 권 사원이랑 같이 갚아나가야 할 텐데?"
"저도 모르겠어요. 대화 자체를 거부해요. 도대체 무슨 생각을 하는지 모르겠어요."

"그럼 집 말고 돈 얘기는 해봤어?"

"돈 얘기요? 돈에 대해서는 저도 별로 관심 없고 남자친구
도 관심이 없는 것 같고……."

"중요한 문제야. 결혼하고 나서 뒤늦게 부딪치면 꽤 심각해
질 수 있어. 그러니 결혼 전에 명확하게 짚고 넘어가. 힘들
더라도 집요하게 비집고 들어가야 할 거야."

"하아, 그런가요? 그래야겠어요. 실은 싸울까봐 저도 내심
피하고 있었거든요. 다시 한 번 얘기해볼게요."

권 사원은 이번에는 꼭 얘기를 마무리 짓겠다고 다짐한다.
그리고 송 과장한테 의논하길 잘했다고 생각한다. 친구나
또래 친척들 중에서도 결혼은 자신이 처음이라서 물어볼
만한 사람이 없었는데, 송 과장이 의지가 된다. 다행이다.

8

정 대리가 출근한다.

저 멀리서도 LV 챔피언 벨트는 잘 보인다.

"송 과장님! 권 사원! 좋은 아침입니다."

"기분 좋은 일 있어?"

"자고 일어났더니 비트코인이 완전 올랐습니다! 하하하! 제가 집중 근무시간 끝나고 공차 시원하게 쏠게요!"

이 회사는 집중 근무시간이라고 해서 오전 9시부터 11시까지는 최대한 자리 이동을 줄이고 업무에 집중하는 시간으로 정해두었다.

송 과장이 말한다.

"주식처럼 팔고 통장으로 돈이 입금돼야 돈을 번 거지. 잘 알면서."

"올랐으면 번 거나 마찬가지 아닙니까, 하하. 이럴 줄 알았으면 차나 더 좋은 거 살 걸 그랬어요. 아까워라."

집중 근무시간이 끝나고 세 명은 지하의 공차로 내려간다. 김 부장이 칸막이 위로 눈만 보이게끔 빼꼼 고개를 든다. 자기만 두고 가는 게 괘씸하지만 같이 가면 자신이 돈을 내야 하니 다행이라는 표정이다. 개인 카드는 100원도 안 쓰는 게 김 부장의 철칙인 것 같다.

"블랙밀크티 펄 추가에 당도 50퍼센트로 세 잔이요."

정 대리가 신용카드로 결제한다.

"빨대 꽂아드릴까요?"

"네."

송 과장과 권 사원이 바로 대답한다.

정 대리는 굳이 거절한다.

"정 대리님, 이거 빨대 꽂기 쉽지 않아요."

직원이 능숙하게 빨대를 꽂아준 음료를 손에 든 권 사원
이 걱정스럽게 말한다.

"이게 뭐가 어렵다고."

정 대리가 빨대를 꽂는다. 비닐 뚜껑이 뚫리지 않는다.

"힘을 주고 한 번에 세게 꽂아야 해요."

힘을 주어 세게 꽂는다. 빨대 끝 모서리가 휘어진다. 비닐
뚜껑은 움푹 들어가기만 할 뿐 구멍이 나지 않는다.

세 번째 온 힘을 다해 꽂는다. 비닐 뚜껑이 좌악 찢어지며
밀크티가 정 대리의 카디건에 튄다.

"으악, 내 카디건! 이거 드라이 하고 처음 입은 건데……
또 맡겨야겠네."

왼팔에 흰색 선 세 개가 있는 카디건에 튄 밀크티를 휴지로 탁탁 털어낸다. 권 사원은 그런 정 대리를 물끄러미 바라본다. 정 대리를 보면 가끔 김 부장의 향기가 난다고 생각한다.

9

딩동.

권 사원의 핸드폰에 카톡 메시지가 뜬다. 남자친구가 또 이상한 부동산 강의 영상을 보냈다.

"송 과장님, 이거 보세요. 남자친구가 또 이상한 유튜브 강의를 보내줬어요."
"어디 봐. 아…… 남자친구가 이런 거 보는구나."
"정 대리님은 결혼 준비하시면서 별 문제 없으세요?"
"음…… 딱히?"
"저는 송 과장님 말씀대로 전세대출 받아서 이자 내느니 그 돈으로 월세 살고 싶거든요. 나머지 돈으로는 다른 데 투자하고요. 근데 남자친구는 반대해요. 대리님은 여자친구와 그런 얘기해보셨어요?"

"아니, 아직. 다음 주에 스튜디오 촬영이 있어서 그냥 운동만 열심히 하고 있어. PT 받으면서."

"집 빨리 알아보셔야 할 텐데요. 저 지금 알아보는데 전셋값이 장난 아니에요. 이러다가 엄청 멀리서 출퇴근 할 것 같아요."

"뭐, 길바닥에서 자기야 하겠나. 사진촬영 끝나고 찾아보지 뭐."

문득 권 사원은 김 부장과 했던 인사고과 면담 얘기를 꺼낸다. 다른 사람들은 어땠는지 궁금하다.

"송 과장님 인사고과 면담하셨어요?

"했지. 이번에도…… 내가 미안하네."

"송 과장님이 뭐가 미안해요?"

"박 과장님 때문에 사원 대리급들한테 어떻게든 피해 안 갔으면 했거든. 인사팀장님이랑 김 부장님한테 얘기해봤는데 잘 안 됐어. 인사팀은 팀장한테 권한이 있다고 하고, 김 부장님은 원래 남의 말을 안 들으시니……."

"저는 고과 때문에 월급이 안 오르는 것도 싫지만, 더 싫은 건 제가 한 일에 대해 인정을 못 받는 거예요. 진급이

나 연봉, 이런 걸 떠나서 그냥 너무 허탈해요. 내가 왜 이 회사를 다니나, 계속 다니는 게 맞나, 그런 생각이 들어요. 다른 회사에 비해 연봉이라도 높으면 그러려니 하겠는데 그것도 아니잖아요. 이왕 스트레스 받으면서 다닐 거면 차라리 이직해서 돈이라도 더 받을까봐요."

"맞아. 이런 일이 반복되면 그런 생각을 할 수밖에 없어. 그게 현실이지."

정 대리가 말한다.

"뭘 신경 써. 그냥 대충 다녀. 회사 어디 다니든 거기서 거기야. 대충해."

"저는 잘해보고 싶거든요. 보고서 건도 그렇고 인사고과 건도 그렇고. 진짜 힘이 빠지네요."

"김 부장님이 유별나서 그래. 나는 진작 포기했다. 근데 나 사진 좀 찍어줘."

정 대리가 포즈를 취한다. 밀크티를 든 왼쪽 손목에 번쩍이는 시계가 보인다. 권 사원이 픽 웃으며 사진을 찍는다.

#일상 #업무스트레스 #달콤휴식

10

권 사원은 퇴근하고 남자친구를 만난다.

먼저 집 얘기를 꺼낸다. 아까 송 과장의 충고대로 오늘은
물러서지 않겠다고 마음 먹는다. 부딪치더라도 얘기할 건
해야 하는 게 맞다고 생각한다.

"요즘 집값 계속 오르는데 기다렸다가 사지 말고 미리 사
두자. 응?"
"몇 번을 말해? 폭락할 거라고. 얼마 안 남았어. 그때 싸게
사면 돼. 싸게 사는 게 진짜 투자 잘하는 거야. 투자 못하
는 사람들이 한참 비쌀 때 사는 거라고."
"몇 년째 떨어진다 떨어진다 하는데 계속 오르잖아."
"그게 거품이야. 거품이 커질수록 확 빠져. 주식도 그래.
다 그런 거야."

"하아…… 오빠 부모님은 뭐라고 하셔?"
"부모님은 나 하고 싶은 대로 하라고 하시지."
"우리 회사 내에서 집 있는 사람이랑 없는 사람, 분위기 완
전 다른 거 알아?"

"지금 집 있는 사람들 엄청 불안할걸? 집값 빠질까봐?"

"그 반대야. 없는 사람들이 더 불안해하고 있어."

"난 하나도 안 불안한데? 유튜브 전문가들이 통계자료 분석한 거 봐. 너는 잘 모르면서 아는 척 좀 하지 마."

남자친구가 살짝 신경질을 내고 미안했는지 덧붙인다.

"우리 이런 얘기 그만하고 밥이나 먹으러 가자. 김가네."

"또 분식이야?"

"왜, 맛있잖아. 거기 가면 다 있어. 분식, 한식, 양식."

"유튜브에 후원금 낼 돈 있으면 나랑 좀 더 괜찮은 곳으로 가도 되지 않아?"

"그건 내가 공부한 수업료 내는 거고. 이거랑은 다르지."

"내가 무슨 엄청 비싼 데 가자는 것도 아니고……."

"오늘 왜 그래? 회사에서 무슨 일 있었어?"

"일은 무슨 일. 그냥 답답해서 그렇지."

"뭐가 답답한데? 나한테 다 말해. 내가 다 해결해줄게."

권 사원은 뭐라고 대답해야 할지 몰라서 입을 다문다.

암울하다.

결혼이라는 현실적인 문제에 직면하니 연애할 때는 안 보이던 점이 보인다.

상대방의 새로운 점을 알게 되니 혼란스럽다.

그 새로운 점이 좋은 점이 아니라는 게 문제다.

11

바람이 분다.

희망퇴직 바람.

부장들은 초긴장 상태인데 김 부장만 느긋하다. 입사 때
부터 승승장구해서 그런지 남일이라고 생각하는 것 같다.
김 부장 연배의 부장들 절반 이상은 이미 정리해고 명단
에 올랐다는 소문이 돈다. 회사의 고정비가 올랐고 매출
대비 인력이 많다는 외부 업체의 컨설팅을 받아서 인원
감축에 속도를 내고 있다고 한다.

매년 실적을 보면 이익을 꾸준히 내는데도 불구하고 회사
는 항상 위기라고 말한다. 회사 내 어딜 가나 '혁신'이라는
단어가 들어간 문구들이 북한의 선전 포스터마냥 곳곳에
붙어 있다. 직원들에게 혁신적이고 창의적인 아이디어로

시대에 맞춰 변화하라고 강요한다. 하지만 무엇이 혁신이고 무엇이 창의이고 무엇이 변화인지는 아무도 알려주지 않는다.

아무도 모르는 것 같다.

권 사원의 고과는 면담에서 들은 대로 C가 나왔다. 만년 과장인 50대 박 과장 한 명을 위해 연차 낮은 다른 직원들이 몇 년째 희생을 해야 하다니, 생각할수록 기가 막히다.

라식수술로 아직은 건조한 눈에 인공눈물을 넣는다. 직장인들이 쓰는 익명 게시판 앱 블라인드에 들어간다. 이 공간에서는 내가 누구인지 아무도 모른다.

회사 게시판에 들어간다. 이미 인사고과에 대한 불평 글들이 쭉 올라와 있다. 심한 욕설도 있고 평가에 대한 부당함에 항의하는 글도 있다. 댓글들도 유심히 본다.

'흥아 그냥 다녀.'

'흥아 회사는 회사야 재테크나 열심히 해.'

'절이 싫으면 중이 떠나.'

'우리 회사는 안 바뀌어. 나도 기대 안 한 지 오래됐어.'

'빨리 탈출하는 게 승자야.'

여기에서는 서로를 여자건 남자건 흥아(형아)라고 부른다.

이직하고 싶다. 네이버 검색창에 취업준비생 때 들락거리
던 잡코리아를 친다. 이제는 신입 공채가 아닌 경력 채용
을 훑어본다. 신입보다 경력직이 갈 만한 곳이 더 많다. 신
입도 경력이 있어야 어디를 갈 텐데 경력을 어디서 쌓나
궁금하다. 경력 채용을 보니 대부분 5년 이상 업무 경험자
를 찾는다. 아직 2년이 부족하다.

이 회사에 뼈를 묻겠다는 다짐을 하고 입사했는데 이렇게
사람이 달라질 수 있나.

원래 회사란 게 이런 건가.

마라톤 같은 회사생활에서 이런 것쯤은 견뎌야 하는 건데
내가 섣불리 감정을 내세우는 건가.

뭐가 맞는 거지?

다른 회사도 이런가?

12

그날 저녁, 권 사원은 남자친구를 만난다.

오늘은 정말 집 문제에 대해서 정확히 짚고 넘어가야겠다. 내가 설득을 하든 설득을 당하든 끝을 볼 작정이다.

남자친구는 해맑디 해맑은 표정으로 내 손을 잡는다.

"밥 먹으러 가자. 먹고 싶은 거 골라봐."

"곱창 먹고 싶어, 소주에."

식당에 도착한다. 간판에 궁서체로 '곱창 대창'이라고 쓰여 있다. 내부는 온통 기름 냄새에 찌들어 있다. 숨만 쉬어도 기름이 콧구멍을 막을 것만 같다. 한쪽 구석에 환기 팬이 있다. 딱 봐도 고장난 지 오래되어 보인다. 천장이 낮아서인지 와글와글 온갖 소음이 머리가 멍해질 정도로 울린다. 권 사원은 소형 드럼통 같은 의자에 앉는다. 다시 일어나 의자 뚜껑을 들어 그 안에 핸드백과 재킷을 넣는다.

곱창은 기름덩어리라 몸에 안 좋다는 말이 있다. 그래도 맛있으니 어쩔 수 없다. 곱창이 철판 위에서 지글지글 끓는다. 권 사원은 기름 냄새를 한껏 들이켜고는 마음을 단단히 다잡으며 말을 꺼낸다.

"우리 신혼집 어떻게 할지 생각해봤어?"
"집? 전세대출 받아서 들어가기로 했잖아."
"내가 한 말은 생각해봤어?"
"월세 살면서 다른 데 투자하자는 거? 그건 아니라고 말했잖아. 야, 곱창 탄다. 빨리빨리 뒤집어."
"……."
상대의 의견은 안중에도 없다는 듯 곱창을 뒤집느라 정신이 없는 남자친구를 보고 있으니 권 사원은 일시에 전투력이 사라지는 것을 느낀다.
"……알았어. 나도…… 전세 사는 쪽으로 생각해볼게."
"그래, 투자는 무슨 투자야. 이 시국에."
권 사원은 지글지글 끓고 있는 곱창을 내려다본다. 더 이상 할 말이 없다.

남자친구는 곱창을 먹다 말고 철판 테이블에 올려놓은 핸드폰을 켠다.
"이거 봐. 나 레벨업 진짜 많이 했어. 역시 게임은 아이템

발이야."

"또 샀어?"

"어. 이게 없으면 다음 레벨로 올라가는 데 너무 오래 걸려."

남자친구는 게임하는 시간이 하루의 절반은 되는 것 같다. 업무 중에도 게임을 틀어놓는다고 한다. 연애만 할 때는 그런 것도 귀여워 보였다. 그런데 이제는 게임에 관심 없는 자신에게 게임 이야기만 하고 게임에다가 돈을 쓰는 남자친구가 불편하다.

"지금까지 게임에 얼마 정도 썼어?"

"한…… 200?"

"뭐라고? 게임에 200만 원이나 썼다고?"

"원래 그 정도 해. 더 비싼 것도 많아. 천만 원 넘게 쓰는 사람들도 많아."

남자친구는 자기가 쓴 돈은 별거 아니라는 듯이 말한다.

"그렇게 돈 쓰고 나면 남는 거 있어? 그냥 궁금해서……."

"이거 다 부모님한테 용돈 받은 걸로 쓰는 거야. 내 월급에서 일부는 그래도 저축해."

"용돈을 받는다고?"

"어. 원래 계속 받았는데?"

"취직해서 돈 벌잖아. 그런데도 용돈을 받아?"

"뭐 어때. 부모님이 주시는 건데. 부모님 돈이 내 돈이지."

허구한 날 폭락 얘기만 하는 유튜브 강사들에게 후원금을 보내고, 게임에 수백만 원 돈을 쓰고, 직장생활하면서 용돈을 받고…… 이 남자의 경제관념은 어떻게 된 것일까.

"결혼하고도 받을 거야?"

"받아서 나쁠 건 없지."

"우리가 학생도 아닌데? 용돈을 드리는 것도 아니고?"

"받으면 좋지. 왜? 받는 거 불편해?"

"그게 아니라……."

지이잉—

남자친구의 핸드폰이 울린다.

"어, 엄마."

"우리 아들 저녁 먹었니?"

"지금 먹고 있어요."

"그래. 잘 챙겨 먹고 다녀."

"네, 엄마. 엄마도 잘 챙겨드세요."

권 사원은 곱창을 한 점 입에 넣는다. 입안에서 곱창이 녹
아내린다. 소주를 들이켠다.
결혼할 이 남자에 대해 점점 의구심이 든다.
앞으로 두 사람이 힘을 합쳐 살림을 같이 꾸려가야 하는
데 잘할 수 있을까.
남자친구는 착한 걸까, 철이 없는 걸까.
내가 이상한 건가, 너무 급한 건가.
권 사원은 잘 모르겠다고 생각한다.

"혹시 또 돈 쓰는 거 있어?"
"왜 자꾸 돈 얘기해?"
"나랑 돈 쓰는 게 너무 달라서. 그리고 결혼할 건데 알아
야 하잖아."
"레고 사고, 피규어 사고…… 그 정도?"
"레고 뭐 샀는데?"

남자친구 표정이 갑자기 밝아지며 신이 나서 대답한다.
"요즘은 스타워즈 시리즈 만들어. 결혼하면 맨날 같이 만

들 수 있겠다. 예전부터 같이 만들고 싶었어."

"레고에는 얼마 정도 썼어?"

"다들 레고를 애들 장난감이라고 하는데 사실은 어른들 장난감이거든. 이번에 산 게 우주왕복선처럼 생긴 건데 150만 원. 부품이 진짜 많아. 다 만들면 전시해두려고. 매장에서 전시된 거 보고 바로 샀잖아. 진짜 멋있어. 엄마도 멋있다고 했어. 다음에는 타지마할 같은 세계의 역사적 건축물 시리즈 사려고 돈 모으고 있어."

"아……."

"며칠 뒤에 플레이스테이션 신모델 나오는데 그것도 사전 예약해놨어."

"게임기? 그건 얼만데?

"이것저것 해서 100만 원. 없어서 못 사는 거야. 예약한 게 기적이야."

입안에서 곱창은 녹고 있지만, 심장은 굳고 있다.

"돈 많네……."

"월급 받으면 내가 뭐 쓸 곳이 있나. 이런 데 쓰려고 버는 거지. 너도 게임 해보라니까. 그래픽이나 스토리 같은 거 보면 진짜 100만 원이 하나도 안 아까워. 우리 엄마도 인정했어."

"결혼 준비하면서 나는 돈 때문에 걱정되는데……."

"부족하면 부모님이 도와주시겠지. 하하."

그래서 분식집만 간 거였나. 게임에 돈 쓰고, 후원금 보내
고, 레고 사고. 그러니 돈이 있을 리가 없지. 용돈을 받을
수밖에 없네. 이제 정리가 된다.

정리가 되니 정이 떨어진다.

잠시 싫증난 것일 수도 있다.

근데 어쩌지, 이미 알아버렸는데.

사랑하기도 하고 착하기도 하지만 그것만으로 결혼을 하
기에는 머리가 너무 커져버렸다. 이래서 결혼은 아무것도
모를 때 하라는 건가.

곱창 조각들은 어느새 쪼그라들어 뒤틀린 껍질만 남았다.
남자친구는 젓가락으로 한 번에 두 조각을 집어 소금에
찍어 먹는다. 껌을 씹듯 질겅질겅 씹는다. 각진 턱이 더 도
드라져 보인다.

권 사원은 계산을 하고 밖으로 나온다. 블라우스에는 기

름 냄새가 짙게 뱄다. 남자친구가 데려다준다고 했지만 거
절한다.

버스에 올라탄다. 아이유의 '라일락'을 들으며 창 밖을 본다.

결혼 진짜 접을까.

이 정도는 별 게 아닌 건가.

누구에게 물어봐야 하지.

상견례도 했는데.

지금이라도 알아서 다행인 건지.

그냥 하는 게 맞는 건지.

블라우스에 밴 곱창 냄새가 스멀스멀 올라온다. 창문을
연다. 창문을 여니 매캐한 매연 냄새가 코를 찌른다. 매연
보다는 곱창 기름 냄새가 낫다. 다시 창문을 닫는다.

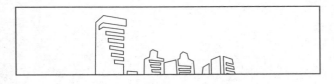

곧 죽어도 인서울

1

프로포즈 여행이 끝나고 며칠 후, 정 대리는 여자친구를 만나기로 했다.

은행에 가서 카드 한도를 높였다. 제주도에서의 민망함과 미안함을 만회하는 날이다.

여자친구는 약속 시간보다 20분 늦게 나타난다. 정 대리가 차 안에서 기다리고 있으니 그녀가 차를 발견하고 손을 흔든다.

캣워크를 하며 걸어온다. 긴 머리에 다홍빛 립스틱을 바르고 짧은 치마에 A4용지만 한 클러치를 들고 있다. 차에 탄 여자친구는 향수 냄새가 차 안을 거의 다 채워갈 때쯤 묻는다.

"오빠 카드 한도 풀렸어?

첫 마디가 카드 얘기다. 제주도에서 자기가 다 계산한 게 마음에 쌓였나 보다.

"어, 오늘 풀렸다."

"와! 그럼 맛있는 거 먹으러 가자."

"그래. 우리 예비 신부님 맛있는 거 사줘야지."

미슐랭 원스타 식당에 간다. 이 식당 찾느라 오늘 반나절을 보냈다.

발렛파킹 직원이 내리라고 한다. 티켓을 뜯어준다.

정 대리는 발렛파킹 직원이 혹시나 차를 긁지는 않을까, 혹시나 고급 독일차를 탐내어 멀리 도망가는 건 아닐까 걱정한다. 어디에 주차하는지, 문은 조심히 여는지 보고 싶지만 어쩔 수 없이 여자친구를 따라 식당 안으로 들어간다.

메뉴를 보니 단품은 3만 원, 코스는 7만 원부터 시작이다. 12만 원짜리도 있다. 이런 곳에 오면 코스를 시켜야 한다. 12만 원짜리 메뉴나 7만 원짜리 메뉴나 중간에 나오는 스테이크 빼고 크게 차이가 없다. 정 대리는 가장 저렴한 코스로 시킨다.

테이블 중앙 위로 샹들리에가 반짝인다.
여자친구는 벌써 셀카 30장을 찍고, 그중에 제일 잘 나
온 것을 보정하고 있다. 실물도 예쁜데 사진 속에 더 예뻐
진 여자친구가 있다. 그런데 옆에 보이는 벽이 휘어 있다.

정 대리는 여자친구가 두 명이다. 인스타 여자친구와 실제
여자친구다. 실제로 바로 앞에서 보는 여자친구도 좋고, 인
스타 안의 더 예뻐진 여자친구를 보는 것도 좋다.

코스 요리가 나오기 시작한다. 접시는 진짜 큰데 전부 한
젓가락이다. 정 대리와 여자친구는 손 그림자가 음식에 비
치지 않게 여러 각도에서 사진을 찍는다. 음식 사진도 셀
카만큼 각도가 중요하다.

마지막 코스 요리가 나오고, 종업원이 "제주도 농장에서
오늘 도착한 녹차 잎으로 만든 녹차입니다"라고 하면서
녹차를 내어준다.
제주도의 'ㅈ' 자도 듣기 싫다. 한도 초과의 악몽이 떠오른

다. 다른 음식들 사진은 일곱 장씩 찍었으나 녹차 사진은 안 찍는다.

레스토랑을 나온다. 어둑어둑해졌다. 여자친구를 데려다주고 집으로 향한다.

오늘 여자친구가 만족해한 거 같다. 그녀가 만족하면 정 대리도 만족스럽다.

배에서는 꼬르륵 소리가 난다. 소리가 난다기보다 배 속에서 느껴지는 진동이다. 진동 때문인지 더 허기지다. 입은 만족했어도 배는 만족하지 않았나 보다.

"엄마, 집에 뭐 먹을 거 없나?"

"냉장고 봐봐라."

울산 출신인 정 대리는 가족들과 만나면 자연스럽게 사투리가 튀어나온다. 자동변환 스위치가 있는 거 같다.

냉장고를 연다. 락앤락에 담긴 밑반찬들이 꽉 차 있다. 더 들어갈 틈이 없다. 이 녀석들이 범인이다. 자고 있을 때나 텔레비전 볼 때나 딱딱 소리를 낸다.

냉장고 문을 닫고 주방 선반을 열어본다. 라면이 있다. 라면은 트레이너가 결혼식 전까지 절대 먹지 말라고 했다.
뭐 먹지. 집앞에서 떡볶이나 사 먹을걸.
때마침 트레이너에게서 문자가 온다.
'회원님, 내일 저녁 8시입니다. 내일 뵐게요. 식단 조절 꼭 하셔야 합니다.'

스튜디오 촬영이 얼마 안 남았으니 참는다. 꼬르륵거리는 배를 움켜쥐고 침대에 눕는다. 오늘 찍은 사진 중 베스트 컷을 골라본다. 레스토랑 직원이 와인 따라주는 모습을 여자친구가 찍어준 사진이다. 발렛파킹을 하느라 차 키를 같이 못 찍은 게 아쉽다. 인스타에 업로드 한다.

#데이트 #미슐랭 #코스요리 #훌륭한한끼

사진을 올리고 나니 허기가 사라진다. 정 대리는 뿌듯한 마음으로 잠을 청한다.

2

다음 날, 여자친구가 회사 근처 카페에서 기다리고 있다고 연락한다.
결혼 준비 때문에 만나는 횟수가 잦아졌다.

어깨에 걸친 트위드 재킷, 허벅지가 시원하게 드러나는 짧은 바지, 얼굴 절반을 가리는 큰 선글라스. 여자친구지만 멋있다. 좀 세 보이긴 하지만, 이렇게 화려하고 멋진 여자친구 옆에 있으면 덩달아 자신도 주목을 받는다. 정 대리는 여자친구 옆에 앉는다.

"왔어, 오빠? 핸드폰으로 가구 보고 있었어. 우리 가구 어디 거 하지?"

여자친구가 살갑게 팔짱을 끼며 묻는다.

"백화점에 예쁜 거 많던데? 그것보다 집부터 알아볼까? 회사 사람들이 자꾸 집부터 보라고 하던데."

"오빠 친구가 사는 거기, 한강 보이는 곳에 살고 싶어."

"한 번 보자. 여기…… 맞나?"

"어. 거기."

네이버 부동산을 확인한 정 대리는 깜짝 놀란다.

"전세 20억…… 20억? 전세가?"

"에이, 장난치지 마. 무슨 전세가 20억이야."

"여기 봐봐. 잠깐만, 그럼 매매가는…… 40억? 헐……."

"오빠, 지금 우리 얼마 있지?"

"부모님이 1억 주셨는데 거기서 좀 썼지. 식장, 신혼여행, 스드메 이런 거 하면 한…… 6천 남나?"

여자친구는 입술을 삐죽 내밀고, 어이없다는 듯이 말을 돌린다.

"얼마 전에 결혼한 친구집, 거기 전세 한 번 보자."

"아, 거기? 거기는…… 전세 9억인데?"

"9억? 걔가 무슨 돈이 있다고? 남편이 잘 사나? 다른 데 보자. 저 위쪽."

"좀 오래된 주공 아파트…… 여기도 4억이네, 제일 작은 평수가."

"집값 미쳤다…… 어떡해, 오빠?"

"우선 부동산 좀 다녀보자. 허위 매물일 수도 있으니까."

"나도 한 번 알아볼 테니까 오빠도 알아봐."

3

며칠 뒤, 정 대리는 오후 반차를 쓰고 집을 알아보러 간다.

서울 중심부에 거실에서 한강이 보이는 아파트에 살고 싶
다. 해가 뜨면 반짝이는 강물을 보며 아침을 맞이하고 싶
다. 현실은 1억이 안 되는 예산이다. 찾다 찾다 보니 회사
와 점점 멀어진다.

어느새 경기도로 넘어간다. 경기도도 천차만별이다. 전혀
싸지 않다. 회사와 더 멀어진다. 경기도와 강원도 경계에
있는 곳의 부동산중개소를 찾아간다.

"얼마짜리 찾으세요?"
"6천이요."
부동산 사장님이 모니터를 유심히 보더니 말한다.
"저기 옆 블록에 다세대 전세 하나 있네요."
"다세대요? 저는 아파트 찾는데요?"
"아파트 6천짜리 전세가 어딨어요? 대출 포함에서 6천인
거예요?"
"아니요."

96

"대출 얼마까지 받으실 거예요?"

"생각 안 해봤는데요."

"집 보러 다니시면서…… 대출 계획이 있으셔야죠."

"아 그래요?"

"그 돈이면 대출 좀 보태서 보증금 1억에 월세 50 정도 나오는 게 적당해 보이네요."

"월세는 싫은데요."

"부르기 나름이에요. 반전세, 월세 다 같은 거예요."

"매달 돈 나가는 건 부담스러워서요."

"아, 총각 엄청 까다롭네. 그럼 보증금을 더 많이 내야 돼요. 보통 30만 원에 1억이니까…… 2억 5천은 있어야겠네."

부동산 사장님이 퉁명스레 말한다. 일부러 그러는 것 같지는 않다. 그래도 정 대리는 자신이 무시당하는 것 같아 기분이 나쁘다. 꿀리고 싶지 않다.

"이런 동네가 뭐 그렇게 비싸요?"

"이런 동네라니, 여기 무시하는 거예요?"

"아, 아니 서울이랑 멀잖아요……."

"가까운 곳 가봤어요? 여기보다 훨씬 더 비싸요."

"그렇긴 하죠……."

곧 죽어도 인서울

정 대리는 주춤하고는 다시 공손하게 묻는다.

"전세대출은 얼마나 나오는지……."

"아니, 대출을 나한테 물어보면 어떡해요? 은행 가서 물어봐야지. 그런데 보통 직장 안정적이고 신용불량 같은 거없으면 대출 잘 나와요."

"그래요? 그럼 집 볼 수 있습니까?"

"잠깐만요. 지금 본다는 사람들이 다른 부동산에도 있다니까 같이 가봐요. 이게 다른 데보다 좀 싸게 나와서 그래요."

"네."

부동산 사장님과 집을 보러 간다. 외관을 보니 엄청 낡지도 않았고, 그럭저럭 살 만한 아파트다. 회사랑 거리가 있는 것 말고는 괜찮다.

엘리베이터를 타려는데 우르르 사람들이 가득하다. 회사에서도 이렇게 많이 안 타지 않나? 세상 사람들이 이 아파트 엘리베이터에 다 모인 것 같다.

모두 같은 층에서 내린다. 같은 집으로 향한다. 이런, 이많은 사람들이 그 집 하나 보러 온 것이다.

집을 보기 위해 줄을 선다. 원래 집 구하는 게 이런 건가. 정 대리는 이제야 슬슬 걱정이 밀려오기 시작한다.

한 무리가 집을 둘러보고 나온다. 한 아주머니가 외친다.
"제가 할게요!"
옆에 있던 젊은 부부도 지지 않는다.
"저희는 지금 계약금 드릴 수 있어요!"
서로 계약하겠다고 나선다. 아수라장이다. 경매장도 아니고 수산물 직판장도 아니고 전셋집 들어가는데 이렇게 한다고? 뉴스에서 보던 게 실화였다니.

정 대리는 집 안을 제대로 보지도 못하고 부동산 사무실로 돌아간다.
"요즘 분위기가 이래요. 전세도 잘 없고, 조금만 싼 물건 있으면 반나절도 안 돼서 나가요. 집을 보지도 않고 계약하기도 하고요. 여기가 서울에서 멀어도 한 번에 가는 지하철이 있어서 그쪽으로 출퇴근 하는 사람들이 많거든요."
"아, 네…… 나중에라도 괜찮은 집 있으면 연락주세요."
"은행부터 가봐요. 대출부터 알아봐야지."

부동산중개소 문을 열고 나온다. 대출부터 알아보라고? 정 대리는 뭐부터 해야 할지 모르겠다.

여자친구에게 전화한다.

뚜뚜—

전화를 안 받는다.

차에 타서 내비게이션에 집 주소를 찍고 시동을 건다. 강변북로에 서울에서 경기도 쪽으로 가는 차들이 꽉 차 있다. 출근시간에는 경기도에서 서울 가는 도로가 '헬'인데 퇴근시간에는 반대다.

여자친구에게서 전화가 온다.

"어, 왜 전화 안 받았어?"

"뭐 좀 하느라고. 집 알아봤어?"

"봤는데 전세금 대출 받아야 할 것 같아. 아니면 반전세로 가든지."

"반전세는 뭐야? 그냥 대출 받지 뭐. 아파트는 괜찮아?"

"그냥 살 만하네. 회사랑 좀 멀어서 그렇지."

"어딘데?"

"저기 경기도 끝 쪽. 강원도 조금 못 미쳐서."

"뭐? 감자 농사 지으려고?"

이런 반응일 줄 알았다.

"돈에 맞추려니까 거기까지 갔지. 근데 다닐 만하던데. 기차…… 아니 지하철도 있고. 지하로 안 다니니까 전철이라고 해야 하나."

"좀 더 회사랑 가까운 데 없어? 서울에 살아야지, 서울!"

"지금 예산으로는 경기도에서도 변두리 정도야. 대출 더 받으면 회사랑 멀지 않게 다닐 수 있을 거 같기도 하고. 대출 받는 건 생각 안 해봤는데 부동산 사장님이 받으라고 하네."

"그래, 뭐 하러 멀리 살아. 한강에서 조깅도 하고 주변에 예쁜 카페도 많은 곳으로 가자. 이따가 다시 통화해."

"어, 그래."

서울, 서울…… 그놈의 서울…… 회사도 서울에 있고 죄다 서울에 있다.

4

출근한 정 대리가 회사 메일을 여니 전체 메일이 와 있다.

연차휴가 안 쓴 직원들은 올해 안에 모두 쓰라는 공지사항이다.

김 부장이 말한다.

"메일 봤지? 다들 알아서 잘 써. 나도 내일 휴가 쓸 거야."

이상하다. 휴가 쓰는 것을 본 적이 없는 김 부장이 휴가를 쓴단다. 김 부장이 자리에 앉으려다가 다시 일어나더니 정 대리에게 말을 건다.

"정 대리, 요즘 주식 뭐 들고 있어?"

"저는 팔만전자 조금 들고 있습니다."

"뭐? 팔만전자? 그런 것도 있어?"

"하하, 네. 삼성전자 주가가 지금 8만 원이라서 '팔만전자'라고 부릅니다. 조만간 '십만전자' 되지 않겠습니까."

"그래? 십만 원 갈 거 같아? 그럼 나 정 대리만 믿고 산다. 떨어지면 알지?"

"그, 그건……."

"맞다. 우리 팀에 종이컵하고 군것질거리 하나도 없더라. 누가 가서 사와."

잘됐다. 머리나 식힐 겸 외출이나 하자.
"권 사원, 나랑 다녀올까?"
"네, 정 대리님."

김 부장이 말한다.
"저기, 정 대리야, 충전기 케이블도 하나 사와. 이거 왜 이렇게 잘 고장나? 이 자식들, 일부러 고장 잘 나게 만드는 거 아니야? 계속 사게 하려고?"

정 대리와 권 사원은 근처 마트에 간다.
"우리도 이제 종이컵 큰 거 쓰자. 작은 거 쓰니까 불편하더라."
"네, 그래요. 그런데 부장님 허락 받아야 하는 거 아니예요?"
"하…… 김 부장님은 뭐 하나 바꾸려고 하면 사소한 것까지 태클을 걸어서…… 아, 몰라 그냥 사자. 과자는 김 부장님 쿠크다스 좋아하시니까 두 박스 사고. 권 사원이 좋아하는 것도 골라. 나는 아무거나 상관없으니까."

두 사람은 쇼핑을 끝내고 빵빵한 종이백을 양손에 들고 회사로 돌아간다.

"권 사원, 신혼집 알아보고 있어?"

"알아보려고 하는데 일단 남자친구가 경제관념이 없어서 시작도 못했어요."

"나는 어제 경기도 끝 쪽에 집 보고 왔는데 집은 그럭저럭 괜찮은데 너무 멀더라. 대출 받아서 회사랑 최대한 가까운 곳 알아보려고."

"전세로 가시게요?"

"어, 월세는 좀……. 월세 산다고 하면 쪽팔리잖아. 매달 돈도 나가고."

"저는 송 과장님 말씀대로 저렴한 월셋집에서 몸 테크 좀 하면서…… 돈 모아서 아파트 하나 사고 싶어요. 남자친구가 동의를 안 해서 문제죠."

"나는 직장생활 7년짼데 통장에 돈이 하나도 없어, 참나. 권 사원은 좀 모았나?"

"네, 저는 딱히 쓸 데가 없어서요. 이제 3년차라 많이 모으지는 못했어요. 결혼하면 더 열심히 모으고 싶은데 남자친구가 게임에 돈 쓰고 레고 모으고……."

"남자들 다 그렇다. 그 정도는 괜찮지. 스트레스 받는데 게임이라도 해야지. 나도 아이템 사는데 500은 쓴 거 같은데."

"500이요?"

"다른 데 안 쓰잖아. 그냥 이해해, 권 사원이."

권 사원의 눈가에 미세한 경련이 일어난다.

"만약에 결혼하고 나서 여자친구가 게임 그만하라고 하면 어떻게 하실 거예요?"

"몰래 할 건데."

"아…… 네……."

정 대리는 여자들이 왜 남자들 게임하는 걸 싫어하는지 이해할 수가 없다. 나쁜 짓 하는 것도 아니고 귀찮게 하는 것도 아닌데 말이다.

장 본 물건들을 캐비닛에 정리한다. 김 부장이 전무실로 가는 게 보인다. 따스한 햇살에 김 부장의 그림자가 길게 뻗어 있다. 발걸음이 가벼워 보인다. 좋은 소식이 있을 것 같은 느낌이다.

5

정 대리는 회사 1층에 있는 은행에 간다.

문 바로 앞에 보안요원이 있다. 옆구리에 차고 있는 권총이 진짜 총인지 유심히 본다. 번호표를 뽑는다.

대출상담 직원 책상 앞에 앉는다.

"대출 좀 받으려고요."

"주택 구매하시나요?"

"전세대출 받으려고 합니다. 얼마까지 나오나요?"

"우선 들어가실 곳을 정하시고요. 재직증명서랑 근로소득 원천징수 영수증이랑…… 여기 적어드린 서류를 주시면 되는데요. 신용카드 만드시고 월급통장 바꾸시면 이자율이 좀 더 내려갑니다."

"네, 알아보고 준비해서 오겠습니다."

정 대리가 일어나기 전에 상담 직원이 재빨리 묻는다.

"가시기 전에 카드 하나 미리 만드시는 게 어떠세요?"

"네?"

"얼마 전에 새로 나온 카드가 있는데 포인트가 진짜 많이

쌓여요. 포인트 적립으로 하셔도 되고 캐시백으로 하셔도
되고요."

"저는 현대 레드카드밖에 안 씁니다."

"그것보다 이게 더 좋아요. 한 번 보세요. 카드가 플라스틱
이 아니라 메탈이에요."

뜨악!

진짜가 나타났다. 번쩍번쩍하다.

이걸 내미는 순간, 누구든 박살내버릴 수 있다.

"이거 하나 만들게요."

"네, 여기 체크된 곳 작성하시고요."

직원이 생글생글 웃으며 서류를 내민다.

카드가 메탈······.

메탈이 쇠인가······?

스테인리스······?

알루미늄?

어쨌든 묵직하고 블링블링하다. 고급 그 자체다. 차 키 옆
에 있으면 그냥 환상 조합이다.

은행에서 가지고 오라는 서류를 챙기러 다시 사무실로 올라간다. 전무실에서 김 부장이 고개를 푹 숙이고 나온다. 터덜터덜 걷는 것이 보인다. 매출 구멍 나서 한바탕 깨졌나 보다.

휴가를 쓰겠다던 김 부장이 다음 날에도 자리에 앉아 있다. 예상했다. 휴가 기안을 올리기는 하지만 매번 출근하는 김 부장. 도대체 왜 휴가를 등록하고 출근을 하는 걸까.
회사가 휴양지인가.
회사가 마음의 안식처인가.
그렇게 열심히 출근하면 누가 알아주기라도 하나.

다른 팀장들도 휴가를 잘 안 쓰는 게 문제이긴 하지만 그래도 휴가 기안을 올리면 출근은 안 한다. 그런데 김 부장은 거의 쓰지도 않는 데다가 어쩌다가 신청을 하고서도 출근을 한다. 심지어 건강검진 받은 날 수면 내시경을 받고 눈을 반만 뜬 상태에서 출근을 했다. 입술 근처에 침 자국이 그대로인 상태로.

정 대리는 김 부장 생각에 혼자 설레설레 고개를 젓는다.

본인도 휴가를 쓰기가 부담스럽다. 기안을 올리면 김 부장은 꼭 휴가 사유에 대해 꼬치꼬치 캐묻는다. 대답하기도 싫다.

점심시간, 팀원들과 다같이 사내식당으로 간다.
에스컬레이터를 타고 내려가면 아래 있는 사람들의 머리숱을 확인할 수 있다. 위에서 내려다본 김 부장 정수리가 작년보다 더 비어 보인다. 한 해 한 해 갈수록 정수리에서 자라는 감자 크기가 점점 더 커진다. 스트레스를 많이 받았나. 쉬지 않고 회사에 나오니까 그런 것 같다. 제발 휴가를 쓴다고 했으면 집에 있었으면 좋겠다.

6

정 대리는 퇴근 후 회사에서 멀지 않은 부동산중개소에 들어간다.
사장님이 통화 중이다.

"잠깐만 잠깐만, 손님 오셨다. 어서 오세요. 전세? 매매?"
"전세요."

"몇 평?"

"20평대요."

"잠깐만요. 전세가…… 보자 보자…… 두 개 있는데 고층은 6억, 2층은 5억 5천."

"새 아파트도 아닌데 비싸네요."

"신축은 훨씬 더 비싸지요. 요즘 서울 다 이래요. 그나마 여긴 좀 싼 편이에요."

"조식도 줍니까?"

고등학교 친구 버버리맨이 자기 아파트에서 조식을 준다고 했다. 회사밥보다 훨씬 맛있다고 했다.

"조식? 무슨 아파트에서 조식을 줘요, 호텔도 아니고."

"조식 주는 아파트도 있다는데요."

"그건 완전 비싼 아파트 얘기죠. 평당 1억씩 하는 곳. 그런 곳 찾아요? 여기는 그런 아파트 없어요."

"집 한 번 볼 수 있을까요?"

"집에 누구 있나 한 번 연락해보고요."

부동산 사장님이 전화를 돌린다.

"세입자가 이따 8시 넘어서 집에 온다고 그때 볼 수 있다는데, 괜찮겠어요?"
"네, 기다릴게요."

두 시간 남았다. 정 대리는 천천히 동네를 둘러본다. 한강이 보이지는 않지만 조금만 걸어가면 한강공원으로 갈 수 있다. 아파트가 신축은 아니지만 그래도 여자친구가 좋아할 것 같다. 근처에 먹을 데도 많고 지하철역도 가깝다.

여자친구에게 전화를 건다.
"이따가 8시에 집 보기로 했는데 같이 볼래?"
"아니야, 나 지금 친구들 만났어. 사진만 찍어서 보내줘."
"어, 그래."

배가 고프다. '고독한 미식가'가 된 기분이다. 그 드라마의 주인공 아저씨는 혼자서 진짜 맛있게 먹는다. 아저씨가 먹던 모습을 떠올리니 더 허기지다. 저쪽에 베트남 쌀국수 집이 보인다.

"여기요. 주문할게요."

"네, 뭘로 드릴까요?"

"양지쌀국수 하나 하고요, 파인애플 볶음밥 하나요. 아, 고수 많이 넣어주세요."

정 대리는 메뉴 하나로는 부족하다. 남기더라도 배부르게 먹어야 한다.

주문한 음식이 나온다.

사진을 찍는다.

#먹방 #혼밥 #서울맛집

먹기도 전에 맛집이란다.

쌀국수 한 젓가락 후루룩, 볶음밥 한 숟가락 와르르, 쌀국수 국물 한 입 호로록.

이 깊은 맛은 어디서 나는 것일까. 국물이 고기 우려낸 국물 같기도 하면서 MSG가 잔뜩 들어간 맛이 난다. 뭐 어때. 맛있기만 하면 됐지.

먹으면서 핸드폰을 만지작거린다. 여자친구는 절대 식당에서 혼자 못 먹겠다는데 정 대리는 이해를 못하겠다. 혼자 먹는 게 이렇게 맛있고 편한데 말이야.

다 먹었는데도 한 시간이나 남았다. 쌀국수 국물이 맛있
어서 계속 먹는데 식어버렸다.

"여기요, 이거 좀 데펴주세요."

"네?"

"이것 좀 데펴주세요.

"대파요?

"아, 아니요. 뜨겁게 해달라고요."

"아아, 주세요. 데워드릴게요."

순간 튀어나온 사투리에 당황한다. 정 대리는 사회생활 하
면서 가급적 서울말을 쓰려고 하지만, 혼자 있거나 가족
들과 있을 때면 저도 모르게 사투리가 튀어나온다.

국물이 뜨거워져서 다시 나온다. 숟가락으로 한 스푼씩
떠가며 먹는다. 해장에 딱이다.

8시다. 부동산 사무실로 다시 간다.

엇, 문이 닫혀 있다. 불이 꺼져 있다.

뭐지? 저녁 먹으러 갔나?

부동산 간판에 적힌 전화번호로 전화를 해본다.

"여보세요."

"아까 집 보기로 한 사람인데요. 문이 닫혀 있어서요."

"아, 미안해요. 갑자기 일이 생겨서요. 다음에 미리 연락하고 와요."

"무슨 말씀이세요? 저 두 시간 기다렸어요. 그냥 가시면 어떡해요?"

"아이고, 미안해요. 다음에 오세요. 끊을게요."

허 참, 집 한 번 보기 힘들다. 지난 번에는 서로 계약하겠다고 난리라 집은 보지도 못하고 나왔는데 오늘은 두 시간이나 기다리고 못 봤다. 뭐 대단한 거라고.

정 대리는 차에 탄다. 결혼이라는 거 참 하기 힘들다. 집 구하는 게 힘든 건지 결혼이 힘든 건지 모르겠다. 정 대리는 애마 비엠떱 시동을 걸고 급가속과 급정거를 하며 집으로 간다.

7

최 부장이 자리로 돌아가는 송 과장을 부른다.

"송 과장!"

"네, 최 부장님."

"지금 시간 돼? 괜찮으면 나랑 지하 좀 가자. 공차."

"네, 알겠습니다."

엘리베이터 안에 적막이 흐른다. 최 부장 얼굴이 미세하게 굳어 있다.

"이걸로 결제하고, 내 건 밀크티 단 걸로 좀 시켜줘."

"웬일이세요?"

"그럴 일이 좀 있어."

주문을 마치고 테이블에 앉자마자 묻는다.

"부장님 무슨 일 있으세요?"

"송 과장, 아는지 모르겠는데…… 김 부장 공장으로 발령받은 거 들었어?"

"네에? 아니요. 지금 처음 듣습니다."

"상무님이 우리 팀이랑 김 부장 팀, 각 팀의 팀장을 바꿔서 운영해보고 싶어하셔. 그런데 김 부장이 현장 공장 경험이 없다고 6개월만 보내신다 하더라고."

"네…… 그럼 김 부장님 자리에는 누가 오시는 건가요?"

"당분간 내가 맡게 됐어."

"최 부장님이요?

"어. 지금 맡은 팀하고 김 부장 팀까지 겸임으로 맡게 됐어."

"그럼 김 부장님 공장 갔다가 다시 올라오시면 지금 최 부장님 팀의 팀장으로 가시는 건가요?"

"맞아."

"적당한 때에 내가 팀원들한테 얘기할 건데 말야. 그래도 시간 날 때 송 과장이 팀원들한테 살짝 말 좀 해줘. 갑자기 내가 가면 당황스러울 수 있으니까. 부탁 좀 할게."

"네, 알겠습니다."

회사 분위기가 이상하다. 김 부장이 박스에 물건을 넣고 있다. 지방 공장으로 발령이 났다고 한다.

송 과장이 정 대리와 권 사원에게 메시지를 보낸다.

'6개월 정도 후에 다시 올라오신다고 하니까 완전히 이별하는 뉘앙스는 보이지 말아줘. 부탁해.'

그런데 그런 뉘앙스를 보일 새도 없다.

김 부장은 등을 돌린 채 한 마디도 하지 않는다. 팀원들에게 무슨 말이라도 할 줄 알았는데, 상자에 물건을 담자마자 아무 말 없이 사무실을 빠져나간다. 아무에게도 인사하지 않는다.

사람들이 김 부장에 대해 수근거린다.

"진짜 가신 거예요?"

"저렇게 힘없는 뒷모습을 보니 짠하네."

"자업자득 아니겠어?"

"다시 올라온다잖아."

"그걸 누가 알아?"

"공장이 잘 어울리는 것 같기도 해."

"그래도 상무 라인 아니었나? 갑자기 왜 내려가지?"

8

최 부장이 두 팀의 팀원들을 모두 대회의실에 불러 모은다.

회의실에 모인 직원들을 한 명 한 명 눈을 맞추며 말을 시작한다.

"김 부장이 공장에 중요한 업무가 있어 당분간 제가 두 팀의 팀장을 맡게 됐습니다. 김 부장이 그동안 너무 잘해주셨죠. 저도 최소한 그만큼 하려면 여러분의 도움이 필요합니다. 그래서 팀 운영 방식에 대해 미리 당부드릴 것이 있습니다."

최 부장은 화이트보드에 '두려움'과 '실패' 두 단어를 쓴다. "이 둘 중에 하나를 골라야 한다면, 저는 실패를 고르겠습니다. 여러분이 업무를 할 때 '이걸 해도 될까?', '실패하면 어떡하지?' 하는 의문은 어쩌면 두려움일지 모릅니다. 두려움은 아직 일어나지 않은 일입니다. 아직 일어나지도 않은 일에 대해 걱정하면서 에너지를 낭비하지 않았으면 합니다. 하고 싶은 일이 있으면 하세요. 맞다고 판단한다면 밀어붙이시고요. 실패할까 두려워서 주저앉지 말고 진취적으로 해보라는 얘깁니다. 이것이 우리 팀의 기본 마인드입니다."

"그리고 저에게 설명할 게 있으면 구두로 하세요. 보고용

장표 없이 말로 해도 충분합니다. 제가 제일 싫어하는 것 중 하나가 과하게 포장한 보고서입니다. 작년, 재작년 보고서에서 복사하고 붙여넣기 하는 것도 하지 마시고요. 필요 없습니다. 최소한 팀 내부 업무에서는 형식적인 것에 매이지 마세요. 핵심만 짚고 넘어가면 됩니다."

"당분간이지만 조직 변동이 생겼으니 회식을 할 텐데요. 점심 회식입니다. 저녁은 집에 가서 가족, 친구들과 드세요. 저녁에 1차, 2차, 3차까지 술 먹고 뻗는 회식 기대했으면 포기하세요. 제가 팀을 운영하는 동안에는 저녁 회식 없습니다. 점심에 술 없이도 충분히 할 수 있습니다. 이 정도면 무슨 말인지 잘 이해했으리라 생각합니다.
저에게 팀 운영에 대해 건의하거나 상의하고 싶은 게 있으면 따로 말씀을 주세요. 언제든 환영합니다. 이상입니다."

최 부장팀의 팀원들은 우르르 일어나 최 부장을 따라 회의실을 나선다.
김 부장 팀의 팀원들만 바로 일어서지 못하고 머뭇머뭇 시간을 끌고 있다.

권 사원, 송 과장, 정 대리는 눈빛으로 대화를 주고받는다.

'최 부장님 대단하지 않아요?'

'그러게. 좋은 분인 줄은 알았지만.'

'이렇게 달라도 되는 거예요?'

최 부장이 좋은 팀장으로 소문 난 건 알았지만 이 정도일 줄은 몰랐다. 김 부장과 완전 다른 스타일이다. 이제까지 보고장표와 발표자료에 업무시간 대부분을 소모했는데, 이게 없으면 무슨 일을 해야 할지 일감을 찾아야 할 정도다.

최 부장은 권 사원을 따로 부른다.

"지난 번에 발표한 프로젝트 있지. 권 사원이 만든 보고서 원안, 나한테도 보내주겠어?"

"네? 보고서 원안을요? 아, 알겠습니다."

"김 부장이 내용 수정한 거 알고 있어. 위에다 다시 보고하려고. 먼저 내가 검토하고 알려줄게."

"네, 부장님. 바로 보내드릴게요."

30분 뒤 권 사원에게 이메일 한 통이 도착한다. 최 부장의 메일이다.

권 사원,

자료 잘 봤습니다.

다음 주 수요일에 전무님께 다시 발표하기로 했으니 준비해주
세요.

부담 갖지 말고 권 사원이 쓴 내용 그대로 진행하면 됩니다.

궁금한 거 있으면 언제든지 물어보시고요.

자세한 일정은 다음 주에 전달하겠습니다.

최 부장 드림

감사합니다!

최 부장님 감사합니다!

권 사원은 마음속으로 외친다. 그동안 회사에 대한 원망
이 한 순간에 녹아내린다.

부먹, 찍먹보다 중요한 게 있지

1

권 사원은 저녁에 남자친구를 만나기로 했다.

오늘은 집 얘기 말고 회사 얘기나 좀 해야겠다. 그리고 맛 있는 걸 사줘야겠다고 생각한다.

남자친구 회사 앞으로 가서 기다린다. 6시 30분이 되자 사 람들이 우루루 쏟아져 나온다. 오늘 출근길에 지하철에서 백팩을 매고 있던 남자와 부딪혀서 어깨가 아팠는데, 남자 친구가 비슷한 모양의 단단한 검정색 백팩을 매고 나온다. 저렇게 큰 가방 안에 무엇을 넣고 다니는 걸까.

권 사원은 다가온 남자친구에게 반가운 표정을 지으며 말 한다.

"힘들었지? 고생했어. 밥 먹으러 가자."

"그래."

두 사람은 오랜만에 중식당으로 향한다. 꽤 이름 있는 곳으로 가격대도 어느 정도 있는 집이다. 평소에는 잘 오지 않지만 오늘은 권 사원이 저녁을 사고 싶어서 먼저 가자고 한다.

"여기요 주문할게요. 탕수육 작은 거 하나, 게살볶음밥이랑 짬뽕 하나씩이요."

권 사원이 오늘 회사에서 있었던 일을 꺼낸다.

"오늘 우리 팀장님이 바뀌었는데 진짜 좋으신 분 같아. 내가 얼마 전에 만든 프로젝트 자료를 김 부장님이 본인 마음대로 바꿔서 발표한 적이 있거든. 근데 새로 오신 최 부장님이 원래 내가 만든 자료로 다시 진행해보래. 기분 진짜 좋아."

"좋겠다. 회사 열심히 다니네. 그럼 원래 계시던 팀장님은?"

"공장으로 발령 나셨어."

"잘린 거네."

"잘 모르겠어. 몇 개월 뒤에 올라오신다고는 하던데."

"회사 그냥 대충 다녀. 열심히 다녀서 뭐해."

"이왕 다니는 거 제대로 해야지. 난 일하는 것만 따지면 재 밌어."

"나는 회사에서 하루 종일 게임한다. 흐흐. 시간 금방 가."

남자친구는 핸드폰을 테이블 위에 올려놓는다. 나와 핸드 폰을 한 번씩 번갈아 보면서 이야기한다. 손가락은 핸드폰 에 가 있다.

"혹시 지금 게임하는 거야?"

권 사원은 잔소리하는 뉘앙스로 들릴까봐 조심스럽게 물 어본다.

"어. 아이템 오늘 산 건데 제대로 효과 보고 있어. 얼마 안 해. 20만 원짜리야."

20만 원……

회사에서도 하루 종일 했다는 사람이 여자친구를 만나는 지금도 한다.

"게임이 그렇게 재밌어?"

"재밌지. 어? 배터리 거의 다 됐네."

남자친구는 백팩에서 벽돌만 한 보조배터리를 급히 꺼내

연결한다. 긴급 수혈, 응급 심폐소생술 수준이다. 백팩의 미스터리가 풀린 것 같다. 저 백팩 안에는 보조배터리로 꽉 차 있는 게 분명하다.

"그냥 궁금해서 물어보는 건데…… 게임을 그렇게 종일 하는 이유가 뭐야?"
"재밌어서. 너도 해봐."
"어떤 부분이 재밌어?"
"일단 해봐. 해보면 알아."

게임 못하게 하는 나쁜 여자친구가 된 기분이다. 회사에서 일 안 하고 게임만 했다는 사람이 데이트할 때도 게임을 한다. 권 사원은 아무리 생각해도 자신이 잘못 생각하고 있는 건 아닌 것 같다.

"우리 조금 있으면 결혼하잖아. 사실 조금 걱정돼."
"뭐가?"
"결혼하고 나서도 오빠가 계속 게임만 하고 대화도 없이 살까봐. 우리 연애 초반에는 게임에 이렇게까지 안 매달렸잖아. 그런데 지금은 게임 없으면 어떻게 살 수 있으려나,

그런 생각 들어."

"에이, 게임은 게임이지. 그런 걸로 걱정을 하고 그래."

"진심이야. 걱정돼."

남자친구는 유리컵에 물을 붓는다. 물통의 각도가 높아 보인다. 컵으로 쏟아지는 물줄기 아래로 물이 튄다. 주변이 엉망이 된다. 그래도 남자친구는 아랑곳하지 않고 따른다.

2

탕수육이 나온다.

권 사원은 표정 없이 탕수육 조각 하나를 집는다. 새콤달콤하고 끈적한 소스를 살짝 묻혀 오물오물 먹는다.

"탕수육은 부먹이지!"

남자친구가 왼손에는 핸드폰을 잡고 오른손에는 소스 그릇을 들더니 탕수육 위로 소스를 들이붓는다.

"아, 제발……!"

"탕수육은 원래 부먹이야. 고기랑 쌈장도 아니고, 왜 찍어 먹어?"

"나 찍어 먹는 거 몰라? 소스 부으면 눅눅해지잖아."

"그게 탕수육이지. 소스에 흠뻑 적셔 먹는 게 진짜 탕수육이야."

"내가 전에도 부어 먹는 거 싫다고 했잖아."

"그랬어? 기억이 안 나네."

생각해보니 기억을 할 수 없을 것 같다. 첫번째 이유는 권 사원이 대부분 조용히 넘어갔기 때문이고, 두번째 이유는 남자친구가 게임하는 데 정신이 팔려 권 사원이 한 말이 제대로 입력이 안 되었을 것이다. 아마도 내일 탕수육을 먹어도 또 소스를 부을 것 같다. 이 사람에 대한 확신이 더 어두워지고 있다. 이런 상황에서 집 얘기까지 하면 완전 엉망이 되겠지.

짬뽕이 나온다. 홍합이 가득하다. 권 사원과 남자친구는 말없이 짬뽕을 나눠 먹는다. 뒤이어 게살볶음밥이 나온다. 이것도 말없이 나눠 먹는다. 짬뽕 면과 탕수육을 거의 다 먹었다.

남자친구가 갑자기 남은 게살볶음밥을 짬뽕에 집어넣는다.

"뭐하는 거야!"

"짬뽕밥."

"볶음밥은 따로 먹어야지."

"짬뽕 국물하고 같이 먹으면 맛있잖아."

"짬뽕밥이 먹고 싶으면 따로 밥을 시키면 되지, 왜 그래?
나도 짬뽕 먹고 있잖아. 매너 없이 이게 뭐야."

"밥 있는데 뭐하러 더 시켜, 돈 아깝게. 니가 천천히 먹기
에 별로 먹고 싶은 마음이 없는 줄 알았지."

남자친구는 뭐 이런 게 문제냐는 얼굴로 볶음밥으로 만든
짬뽕밥을 우걱우걱 먹기 시작한다.

하아, 이런 사소한 걸로 부딪쳐야 하나.

권 사원은 쪼잔해지는 자신이 더 싫다. 더 중요한 문제들
이 있는데 이런 걸로 싸우기가 싫다.

그래 내가 양보하자. 내가 잘못했다.

이런 권 사원의 마음을 아는지 모르는지 남자친구는 국물
까지 싹싹 먹는다.

"아, 완뽕했다. 배부르다…… 아…… 내 배……."

남자친구는 허리를 뒤로 제치고 배를 어루만진다.

"끄억."

전에는 저 모습도 소탈하다고 생각했는데 지금은 아니다.

자신이 변한 건지, 사랑이 변한 건지, 권 사원은 잘 모르겠다.

권 사원은 계산대에서 카드를 내민다.

"내가 계산할게."

"그래. 지난 번에는 내가 했으니까."

"간다. 연락할게."

"차 한잔하고 가지?"

"아니야. 집에 가서 게임해. 나도 집에 가서 좀 쉴래."

"그래? 알았어. 카톡해."

남자친구는 주머니에서 핸드폰을 꺼내더니 바로 전화를 건다.

"엄마, 이제 집에 가요."

권 사원은 통화를 하며 집으로 향하는 남자친구의 뒷모습을 바라본다.

게임하는 게 잘못은 아니다. 남자친구가 잘못한 것은 없다. 그냥 권 사원의 마음에 안 드는 것뿐이다.

이 결혼, 하는 게 맞는 걸까?

그동안 꾹꾹 눌러놓았던 마음의 속삭임이 조금씩 터져 나온다.

결혼이 다가와서 생기는 불안감이 아니라, 같이 살면 서로 상처만 받을 것 같은 불길한 예감 때문인 것 같다.

답답한 마음에 엄마에게 전화를 한다.

"엄마, 나 이 결혼 꼭 해야 할까?"

"왜 갑자기?"

"남자친구가 돈 개념이 너무 없어. 게임만 하고……."

"왜, 어떤데? 도박했어?"

"아니. 그건 아니고, 게임에 돈 쓰고 장난감 사고…… 아직도 집에서 용돈 받아 쓴다는데, 모아둔 돈은 거의 없고."

"도박만 안 하면 됐지. 사람 착하잖아. 요즘 그렇게 착한 사람이 어딨어?"

"그렇긴 한데…… 나는 둘이서 월급 모아가며 알뜰하게 살고 싶은데, 남자친구는 전혀 그럴 생각이 없어."

"둘이 알콩달콩 잘 사는 게 중요하지. 술 안 먹고 담배 안 피우고 도박 안 하는 게 어디야. 다들 그러고 살아. 엄마도 그랬어."

엄마는 늘 이런 식이다. 내 편이 아니라 남자친구 편인 것
같다.

"휴우, 몰라. 그건 그렇고 지금 휴전선 근처 사는 거 괜찮
아? 원래 일산 살다가 파주로 가고, 파주도 비싸서 거기까
지 간 거잖아."

"여기도 살 만해. 공기 좋고 가끔 멧돼지도…… 그건 좀
무섭다. 아무튼 잘 생각해. 지금 와서 엉뚱한 생각하지 말
고. 상견례도 다했는데 이제 와서 뭘 어떡하려고 그래. 원
래 결혼 전에는 별의별 생각 다 드는 거야."

"알았어……."

3

권 사원이 발표를 하는 날이다.

권 사원은 면접 때나 입던 정장을 찾는다. 높은 곳에 걸어
놔서 발끝을 살짝 들고서야 겨우 꺼낸다.

세탁소에서 드라이클리닝 하고 비닐 씌워놓은 상태 그대
로다.

비닐을 주욱 뜯는다. 손으로 구겨 휴지통에 던진다. 날아가면서 살짝 풀어진다. 공기 저항에 휴지통까지 도달하지 못하고 떨어진다.

안에 받쳐 입을 블라우스를 찾는다. 지난번 곱창 먹을 때 입었던 블라우스를 꺼낸다. 냄새를 맡아본다. 빨았는데도 왠지 아직도 냄새가 나는 느낌이다. 고민하던 권 사원은 한동안 안 입던 셔츠를 꺼낸다. 살이 좀 쪘는데 안 맞으면 어떡하지. 다행히 단추가 잠기기는 한다.

권 사원은 출근해서 몇 가지 일을 처리한 후, 대회의실로 향한다.
프로젝터 전원을 켠 후 노트북과 연결한다. 누가 만졌는지 초점이 잘 안 맞는다. 렌즈를 조금씩 돌려 초점을 맞춘다.

한 사람씩 들어오기 시작한다. 최 부장이 다가오더니 권 사원을 안심시킨다.
"권 사원. 떨지 마. 별거 아니야. 밖에서는 그냥 다 아저씨들이야. 하던 대로 해."

앞 사람들 발표가 끝나고 드디어 권 사원의 차례다. 모두가 자신을 보고 있으니 눈을 어디에 둬야 할지 모르겠다. 누구와 눈을 마주쳐야 할지 모르겠다. 권 사원은 크게 심호흡을 한 후 준비한 내용을 차근차근 발표하기 시작한다.

일단 시작을 하고 나니 오히려 차분해진다. 사람들의 반응을 살필 여유도 생긴다. 상무가 이해했다는 의미로 고개를 끄덕이는 게 보인다. 최 부장도 잔잔한 미소를 띠며 고개를 끄덕인다. 상사들의 반응을 보니 스스로 잘하고 있다는 생각이 든다. 말을 할수록 용기가 생긴다.

4

발표는 끝났다.
면접 때보다 더 긴장한 것 같다. 마이크 손잡이에 땀이 묻어 있다. 손이 축축하다. 권 사원은 재킷에 땀을 닦아낸다.

"지난번 발표 내용과 왜 이렇게 다른가요?"
상무가 묻는다.

권 사원은 뭐라고 해야 할지 몰라 멈칫한다. 김 부장이 마음대로 바꿨다고 차마 대답할 수가 없다.

"하하, 대답 안 해도 됩니다. 그냥 물어본 거예요. 저도 회사생활 30년 넘게 하면서 직감이라는 게 있어요. 안 그래도 이 프로젝트 다시 한 번 검토해보고 싶었는데 마침 최 부장이 먼저 말해줘서 이런 자리 마련한 거예요. 권 사원이 준비하느라 고생이 많았습니다. 특히 자료를 왜곡하지 않고 그대로 전달한 것이 좋았습니다. 수고했어요."
"감사합니다."
"권 사원, 막내라고 해서 못하는 말 많은 거 압니다. 그게 다 회사 내 위계질서 때문이라고 생각합니다."

상무는 참석한 사람들을 한 명씩 둘러보며 이야기한다.
"아시겠지만 부장, 차장, 과장 이런 직급이 없어지는 추세입니다. 우리 회사도 직급을 없애고 하나로 합칠 예정입니다. 자세한 운영방식에 대해서는 차후에 논의를 거쳐서 정할 예정입니다. 최 부장은 어떻게 생각해요?"
"부장, 과장 같은 직급은 계급이 아니라고 생각합니다. 단순히 몇 년 근무했다, 이 정도만 알려줄 뿐 그 이상도 이하도 아니라고 봅니다."

"저도 동의합니다. 이번 권 사원의 솔직하고 깔끔한 자료
가 좋은 출발 신호라고 생각합니다. 오늘은 여기까지 하겠
습니다. 다들 고생하셨습니다."

5

상무의 얘기가 끝나자 다들 우르르 일어나 썰물처럼 빠져나간다.
정 대리는 송 과장과 권 사원에게 지하 카페로 가자는 신
호를 보낸다.

카페는 방금 오픈을 했는지 밖에 있어야 할 배너가 안에
있다. 직원은 배너를 밖으로 옮겨놓는다. 닫혀 있던 폴딩도
어를 드르륵 열어젖힌다.

송 과장이 말한다.
"오늘은 아메리카노 말고 라떼 마시자. 내가 쏠게. 권 사원,
발표 진짜 잘했어. 다른 사람들 발표할 때는 졸렸는데 권
사원 발표 때는 집중이 잘되더라고."

"하하, 감사합니다."

"최 부장님 진짜 좋다. 이런 팀장은 처음이야."

"네, 맞아요. 그리고 상무님이랑 최 부장님이랑 비슷하신 것 같아요."

"듣고 보니 그러네. 비슷하다, 두 분이. 오늘 고생했어, 권 사원."

"아니에요. 송 과장님하고 정 대리님이 같이 봐주신 덕분이에요."

"라떼 세 잔 나왔습니다!"

정 대리는 아이스라떼를 빨대로 쭉 들이켠다. 시원하다. 밑에 깔려 있는 우유를 먼저 마신다. 그 다음 위에 있는 커피 부분을 마신다. 우유와 커피가 너무 섞여버리면 약간 밍밍하다.

빨대로 커피를 쪽쪽 빨던 정 대리는 송 과장에게 집 문제 얘기를 꺼낸다.

"송 과장님, 저 신혼집 알아보러 부동산 몇 번 갔었는데 집 보기 진짜 어렵던데요. 시간도 맞춰야 하고, 또 보여주기 싫어하는 사람들도 있고. 요즘엔 집 안 보고 계약하는 사람도 있다고 하더라고요."

"맞아, 생각보다 집 구하는 게 어려워. 그래서 미리미리 알아보라고 한 거야."

"봐둔 데가 있는데 아무래도 거기 들어갈 것 같습니다. 전세 6억인데 부모님이 보태주신 거랑 대출 끌어다가 맞춰보려고요."

"6억? 비싸긴 하네. 다시 한 번 말하지만, 대출 이자 내느니 나 같으면 불편하더라도 보증금이랑 월세 적은 곳에서 살겠어."

"아, 송 과장님 왜 그러세요. 대기업 직원이 무슨 월셉니까. 전세금은 또 나중에 돌려받잖아요. 완전 공짜 아닙니까."

정 대리는 송 과장이 전부터 계속 월세로 살라고 하는 게 이상하다. 전세는 다시 보증금을 돌려받는 최고의 시스템인데, 왜 싫어하는지 모르겠다. 생각이 다른 건 어쩔 수 없다.

송 과장이 라떼를 한 모금 마시더니 말한다.

"그나저나 김 부장님은 잘 지내실까? 공장에서 말이야."

"저 이번 주에 공장 갈 일 있는데 한 번 인사 드리고 올까요?"

"그래, 정 대리가 인사 드리고 와. 궁금하네."

정 대리는 귀찮긴 하지만, 그 김 부장이 어떻게 지내는지 궁금하기도 하고 인사하는 게 도리인 것 같아서 고개를 끄덕인다.

6

예정되어 있던 정 대리의 출장 날이다.
공장에 차를 타고 갈까 기차를 타고 갈까 고민한다. 기차 타고 내려서 택시로 갈아 타는 게 귀찮다. 그냥 차를 끌고 공장에 가기로 한다.

고속도로에 차가 많다. 가다 서다를 반복한다. 이놈의 경부 고속도로는 한남IC부터 양재IC 구간이 언제나 양쪽 방향 다 밀려 있다. 외곽순환도로 중동IC와 양대 산맥이다. 이 두 곳은 진짜 무슨 조치가 있어야 한다. 정 대리는 한숨을 쉬며 운전대를 다시 꽉 잡는다.

정 대리는 자신이 서 있는 차선이 제일 느린 것 같아서 옆 차선으로 바꾸려고 한다. 깜빡이를 켜니 뒷 차가 더 빨리 달려와서 못 끼어들게 들이민다.

"나쁜 새끼, 양보 좀 해주지."

혼자서 운전하면 평소에 안 하던 욕이 저절로 튀어나온다. 차라리 깜빡이를 안 켜고 갑자기 끼어드는 게 쉽겠다. 차선을 겨우 바꿨더니 원래 있던 차선이 뚫린다. 왜 내가 가는 차선만 못 가는 걸까. 정 대리는 지지리 운도 없다고 생각한다.

양재IC를 지나니 차들이 슬슬 속도를 낸다. 판교를 지나간다. 번쩍번쩍 화려한 건물들이 많다. 판교에 회사들이 많이 생겼다고 하더니 직접 보기는 처음이다. 언뜻 보기에 서울에 있는 대기업보다 역동적이고 젊은 회사라는 느낌이 든다. 근처 게임회사에 다니는 친구한테 연락이나 해볼까 싶지만, 그냥 공장으로 직행하기로 한다.

1차선으로 쭉 달리는데 앞에 천천히 가는 차가 있다. 1차선은 추월 차선인데 왜 천천히 가는지 이해가 안 간다. 2차선으로 가서 1차선에 있는 차주 얼굴을 쓱 본다. 두 손으로 핸들을 꼭 잡고 정면만 주시하며 아주 정직하게 운전하시는 김 여사일 줄 알았는데, 아니다. 운전자는 죄가

없다. 그저 복장 터지게 천천히 움직이는 차가 미울 뿐이
다. 추월해서 다시 1차선으로 간다.

햇빛이 너무 강한 거 같아 햇빛가리개를 내린다. 여전히
눈이 부시다. 앞차 유리에 반사된 빛은 어떻게 막을 방법
이 없다. 졸음이 슬슬 밀려와 천안 휴게소에서 잠깐 쉬기
로 한다.
천안 하면 호두과자다. 어렸을 때는 호도과자인 줄 알았
다. 호도과자가 더 친근하다. 그래도 호두 모양이니 호두과
자라고 해야 한다.

호두과자 매장 앞이다. 기계들이 분업 체계를 잘 이뤄 열
심히 만들어내고 있다. 산업혁명을 이룬 대량생산 체제의
표본이다. 호두과자 기계는 봐도 봐도 신기하다.
하나는 반죽을 짜내기만 하고, 하나는 팥을 짜내기만 하
고, 하나는 뒤집기만 하고, 하나는 굽기만 하고, 하나는 운
반하기만 한다.
멍하니 보고 있으니 어째 매일 똑같은 일만 하는 회사에
서의 내 모습 같단 생각이 든다.

메뉴판을 본다.

8개 2,000원, 12개 3,000원, 20개 5,000원, 선물용 10,000원.

8개, 12개…… 1,000원 차이인데, 고민이다. 아직 한참 가야 하니까 20개? 8개짜리 두 봉지 사면 16개에 4,000원인데……. 뭐가 싼 거지? 8개는 좀 적을 것 같고, 20개는 좀 많을 것 같고.

"12개짜리 한 봉지 주세요."

아주머니가 이미 봉투에 담아놓은 것을 집으려는 순간, 정 대리는 빠르게 만류한다.

"아니요. 그거 말고 방금 만든 걸로 주세요."

아주머니가 살짝 인상을 쓰며 새 봉투에 12개를 털어넣는다. 미리 담아둔 거는 사기 싫다. 바로 나온 새것을 먹고 싶다.

호두과자를 한 입 베어 문다.

"앗! 뜨거!"

겉에 빵 부분은 괜찮은데 안에 들어 있는 팥이 진짜 뜨겁다. 그냥 아주머니가 주는 걸로 받을 걸 그랬나. 차에 앉아 나머지 한 입을 베어 물고 다시 공장으로 향한다.

7

아침 일찍 출발했는데 도착하니 거의 점심시간이다.

정 대리는 주차를 하고 공장 사무실 쪽으로 간다. 때마침 점심 시간을 알리는 벨이 울린다.

우르르 사람들이 사내식당으로 뛰어간다. 다들 배가 많이 고픈가 보다.
엇, 저기 익숙한 사람이 1등으로 뛰어간다.
김 부장이다.
근엄하기만 하던 김 부장이 저렇게 뛴다고? 밥 일찍 먹으려고 저렇게 달리기를 하다니.
정 대리는 잘못 봤나 싶어 눈을 비빈다.

정 대리는 출장 업무를 끝내고 김 부장 자리를 물어 물어 찾아간다. 그래도 직속 팀장이었는데 인사는 드리고 가야지 싶다.
자리가 비어 있다. 옆자리 팀원에게 물으니 어디 갔는지 아무도 모른다고 한다.

어떡하지. 전화를 드려야 하나.

고민하며 두리번거리는데 저쪽 휴게실 유리창 너머 누군가의 실루엣이 보인다. 탁자에 다리를 올리고 목은 뒤로 젖히고 낮잠을 자고 있다. 김 부장이다. 본사에서는 팀원들이 딴짓을 하는지 안 하는지 부엉이처럼 감시하던 사람이 업무시간에 낮잠이라니. 사람이 어떻게 이렇게 변할 수가 있지?

깨워서 인사라도 할까, 말까.

아냐. 자는데 뭐하러 깨워. 깨워서 할 말도 없고.

정 대리는 바로 마음을 굳힌다.

굳이 이야기를 나누지 않아도 짐작이 간다. 김 부장이 불쌍해 보이기도 하지만, 씁쓸하기도 하다. 내 미래가 저러면 어떡하지. 순간 스치는 생각에 마음이 불안해진다.

아니야. 나는 아직 대리잖아. 가장 짱짱한 직급, 대리. 부장 직급을 달려면 최소 15년은 회사에 다녀야 한다. 아직 한참 남았다.

걱정하지 말자. 내 스탠스를 유지하자.

인생은 한 번뿐, 신나게 사는 거다.

차에 시동을 걸고 공장을 빠져나온다. 아까 남은 호두과자를 한입에 넣는다. 식어서인지 수분이 날아가서인지 퍽퍽하다. 차 안에서 며칠 굴러다니던 물을 마신다. 미지근하다.

국도를 빠져나와 고속도로에 올라선다. 음악을 크게 튼다. 액셀을 꽉 밟으면서 외친다.
"가자! 달리자! 나의 비! 엠! 떱!"

8

정 대리는 며칠 뒤, 24평 아파트를 전세로 계약한다.
신혼집이다. 대출을 최대 한도로 받았다. 남들 다 받는 대출, 정 대리도 처음으로 받아봤다.
계약을 끝내고 부동산중개소를 나온다. 후련하다. 전세계약인데도 신경 쓸 게 많다. 집주인이 전세금 들고 도망가지나 않았으면 좋겠다.

옆에 있던 여자친구가 말한다.

"뭐가 이렇게 복잡해?"

"그러게."

"오빠, 나 오늘 피부 어때? 광나지?"

"어. 반짝반짝하는데?"

"피부과 가서 관리 좀 받았어. 하하."

"잘했다."

"오빠, 얘 좀 봐봐. 이게 3개월 전 사진이고 이게 지금 사진
인데, 어때?"

"뭐…… 비슷한데?"

"뭐가 비슷해? 코 살짝 높아진 것 같지 않아? 원래는 이렇
게 입체적이지 않았는데 눈이랑 코랑 좀 달라졌어. 눈도
또렷해졌고. 얘 뭐한 거 같지?"

"그런 것 같기도 하고."

"그나저나 우리 오빠는…… 어디 보자. 눈썹 문신 할래?"

"이거 한 건데."

"한 거야? 너무 갈매기 같다. 내가 잘하는 데 알아. 주말에
예약해놓을게. 가서 해."

"갈매기? 이게 얼마짜린데……."

"그런데 오빠, 나 계약한 집 너무 마음에 들어. 우리 가전

제품이랑 가구 예쁜 거 하자. 요즘 그 비스포크? 그거 진
짜 이쁘더라. 나 핑크로 하고 싶어. 그리고 공기청정기랑
에어컨도."

"스타일러 알지? 옷 걸어두면 항균에 냄새 빼주는 거. 그
거 좋다고 하던데."

"맞아 맞아. 그것도 좋대. 아, 그리고 세탁기랑 건조기 일
체형으로 나온 거. 완전 이뻐."

"나도 백화점에서 봤는데. 말 나온 김에 한 번 가볼까?"

"역시 우리 오빠야."

9

정 대리와 여자친구는 백화점으로 향한다.

고등학교 친구 버버리맨 말로는 백화점에서도 발렛파킹
을 해준다고 한다. 발렛파킹은 차댈 곳 없는 좁은 골목 같
은 데서나 해주는 줄 알았는데 꼭 그런 건 아니었다. 백화
점에서 1년에 수억 원을 쓰는 VIP 고객에게는 발렛파킹이
된다는 사실을 최근에야 알았다.

정 대리는 지하로 내려간다. 한참을 돌고 돌고 돌아 내려
가서 지하 5층에 주차를 한다.

"가전 층이 8층이네. 엘리베이터 탈까?"

"오빠, 백화점은 에스컬레이터지. 층마다 분위기가 다르잖
아. 올라가면서 보고 싶은 매장 있으면 바로 들를 수도 있
고. 그리고 백화점 엘리베이터는 너무 오래 기다려. 올라가
면서도 층마다 다 서잖아."

에스컬레이터를 타고 올라간다. 앞에 있는 사람들, 맞은편
에서 내려오는 사람들을 쭉 스캔한다. 우리 커플보다 옷을
잘 입은 사람들은 없다.

가전 매장 앞에 도착한다. '신혼부부 혼수 패키지 특별할
인'이라고 쓰여 있다. 우릴 위해 준비한 것 같다.

매장을 한 번 둘러본다. 사야 할 것들을 체크한다. 텔레비
전, 에어컨, 공기청정기, 스타일러, 냉장고, 세탁기, 건조기
만 생각했는데 막상 보니 무선청소기, 제습기, 인덕션, 식
기세척기도 필요해 보인다.

상담 직원과 마주 앉는다.

"신랑 신부 고객님, 전부 다 해서 2천 500만 원입니다."

"네? 뭐가 그렇게 비싸요?"

"저희 매장에서 판매하는 모든 제품을 고르셨습니다. 그런데 여기에서 상품권 할인, 캐시백 할인, 백화점 포인트 할인, 신용카드 할인, 저희 본사에서 진행하는 할인까지 들어가서…… 잠시만요."

상담 직원은 계산기를 열심히 두드린다.

"300만 원 빼드리면 2천 200만 원에 가능합니다."

"300만 원 할인이요? 할부도 되나요?"

"네, 원하시는 만큼 할부 가능합니다."

"그럼 12개월 할부로 해주세요."

"여기 배송지랑 연락처 적어주시고요. 배송 원하시는 날짜도 적어주세요."

정 대리는 주위를 의식하며 얼마 전 새로 만든 번쩍이는 메탈 카드를 직원에게 건넨다.

"여기요."

"고객님, 좋은 카드 쓰시네요."

역시 백화점 직원은 다르다. 부자를 많이 상대해서 그런지 바로 알아본다. 그동안 식당, 카페 종업원들이 눈빛으로만 알아줬지 말로는 아무도 표현하지 않아서 적잖이 마음 상해 있었다. 여자친구 앞에서 오랜만에 체면이 서는 것 같다. 제주도에서 겪은 카드 한도 초과의 수모를 이제야 씻는 느낌이다.

2천 200만 원 12개월 할부면 한 달에 200만 원이 좀 안 되는 금액이다. 이 정도는…… 괜찮겠지.

"다른 문의사항 있으시면 언제든지 연락주시고요."
상담 직원이 명함을 준다.
"네, 안녕히 계세요."

"와, 오빠 오빠, 우리 300만 원 벌었어. 가전제품도 완전 신상으로 쫙! 어? 저기 커피머신 있다! 보러 가자!"
"그래 그래. 커피머신은 무조건 있어야지."
"어디 보자…… 캡슐보다는 원두를 직접 갈아먹는 게 제대로 된 커피 아니겠어?"
"그래, 자기 좋은 거 사라."
독일에서 왔다는 커피머신을 구매한다.

"오빠, 소파도 한 번 보고 가자."

빨갛고 이국적으로 생긴 소파가 눈에 들어온다. 가격표를
슬그머니 본다. 900만 원이다.

헉! 소파가 900만 원?

먼저 상담받고 있는 부부가 있다. 머리부터 발끝까지 명품
으로 휘감았다. 레벨이 다른 부부다.

사소한 액세서리까지 전부 명품이다.

뭐하는 사람들이지?

졸부? 로또?

노력해서 성공한 사람이라고 생각하기는 싫다.

여자친구가 근사해 보이는 소파에 앉는다.

"오빠, 이거 어때?

"예쁘네. 집에 놓으면 딱이겠다."

직원이 다가와 말을 건다.

"신혼부부세요? 아내 되시는 분이 너무 예쁘세요. 이 소파
아무한테나 어울리지 않는데, 너무 잘 어울리세요."

"그렇죠? 워낙 얼굴에서부터 부티가 나서. 하하."

"자기야, 이거 살까?"

"얼만데?"

여자친구가 다가와서 조용히 속삭인다.

"근데 이거 900만 원이야."

옆에 있던 직원이 은근히 부추긴다.

"이거 얼마전 드라마에 나왔던 거예요. 그리고 이번 주까지만 할인이에요. 다음 주부터는 정가에 사셔야 해요. 본사에서 그렇게 지침이 내려왔어요."

여자친구가 갑자기 마음이 급한지 빠르게 말한다.

"자기야, 이번 주까지래. 얼마까지 할인되나요?"

"이번 주까지만 20퍼센트 할인하고 있어요. 20퍼센트 할인하면 720만 원인데 제가 특별히 700만 원에 맞춰드릴게요."

200만 원 할인이라니. 이쪽은 몇백 할인은 기본인가 보다. 괜찮은 것 같다. 정 대리가 납득하는 표정을 지으니 여자친구가 재빨리 말한다.

"자기야, 할인해서 700이래. 저거 있으면 집 분위기 확 살 거 같지 않아?"

"어. 자기가 앉아 있으니까 완전 청담동 며느리 같던데. 우리 가전제품도 300이나 할인받았는데 사지 뭐. 할부되죠?"

"그럼요. 고객님 몇 개월로 해드릴까요?"

여자친구가 카드를 내밀며 답한다.

"12개월로 해주세요."

"네, 이거 작성해주시고요. 포인트 적립도 해드릴게요."

순식간에 거의 3천만 원을 쓰고 나온다.

"우리 300만 원 할인받고 200 할인받았으니까 500만 원 번 거네."

"와, 신나 신나. 진짜 알뜰하게 잘 샀다. 그치?"

한 달 뒤, 정 대리는 결혼식을 올렸고 전셋집에 입주를 했다.

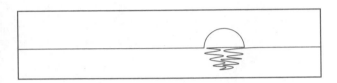

그래서 오늘은 축제

1

권 사원은 남자친구와 뜨뜻미지근하다.

결혼을 앞둔 커플 같지 않게 바쁘지도, 설레지도 않고 어영부영 시간만 흐른다. 정 대리가 결혼식을 치르는 동안 권 사원은 결혼에 관해 결정한 것이 하나도 없다. 남자친구가 나서서 하는 것도 없다.

점심시간에 아메리카노 2,000원짜리 카페로 간다. 송 과장과 정 대리의 결혼생활이 궁금하다. 그들이 잘 살고 있는지가 궁금하다기보다 '결혼생활'이라는 자체가 어떤 것인지 궁금하다.

"정 대리님, 결혼하시니까 어때요?

"뭐 좋지. 좋은가? 아직은 모르겠는데 지금까지는 좋아. 나도 한 지 얼마 안 돼서."

"송 과장님은 좋으세요?"

"어떤 의미지?"

"결혼을 하는 게 좋은지 안 하는 게 좋은지 궁금해서요."

"음…… 결혼…… 결혼은 해도 합법이고 안 해도 합법이야. 해도 그만 안 해도 그만."

"네?"

"하하, 농담이고. 나 같은 경우는 같이 먹고 마시고 놀러가고, 모든 걸 같이 할 수 있어서 좋아. 연애 때나 신혼 때 찍었던 사진들 보면 재미있고…… 같이 추억을 간직할 수 있는 게 좋더라고. 아이가 태어나면 너무 예쁘고 보고만 있어도 배부르고. 우리 부모님이 좋아하시는 모습을 보니 효도하는 것 같고…… 뭐, 좋은 점이야 많지."

"안 좋은 점도 있나요?"

"왜 없겠어. 회사일 끝나고 눈치 보고 집에 들어가야 하고, 뭐 하나 하려면 허락받아야 하고, 양가 부모님 같이 챙겨야 하고. 서로 맞춰 사는 데서 생기는 스트레스도 있지."

"네…… 그럴 것 같아요."

"결혼하면 행복감도 커지는 만큼 받는 스트레스도 커지는 것 같은데, 정 대리는 어때?"

"저희는 서로 거의 터치 안 해요."

"아직 애가 없어서 그럴 거야. 나도 신혼 때는 그랬어. 아이는 너무 예쁜데 그만큼 힘들어. 그리고 애 키우는 데도 진짜 사소한 것에서부터 아내랑 생각이 달라. 예를 들면, 날이 따뜻한데 아내는 혹시 모르니 따뜻하게 입히자고 하고, 나는 땀이 나는데 왜 이렇게 두껍게 입히냐고 하고. 아이 용품이나 책도 중고로 살까 새것으로 살까, 이런 걸로도 부딪쳐. 그런 자잘한 것들에서 잘 맞춰가느냐, 아니면 서로 싸우느냐 그 차이지."

"아…… 과장님 말 들으니까 결혼하면 안 될 것 같아요."

"하하. 너무 어렵게 생각하지 마. 평생 다른 환경에서 살아온 남녀가 만났으니 서로 다른 게 당연해. 문제는 자신만 옳다고 생각할 때야. 불행의 시작이지. 나도 상대방도 어느 정도 이기적이라는 걸 인정하고, 서로 맞춰가는 게 중요한 거 같아."

"어렵네요."

"생활 습관이나 집안일 하는 방식이나 같이 살기 시작하면 어느 정도는 바꿔야 하는데, 상대방이 알아서 해주겠지, 바뀌겠지, 이렇게 생각하면 실망도 큰 것 같아. 나도 처음에 그랬거든. 어쩌면 상대방에게 큰 기대를 안 하는 게 오히려 더 결혼생활이 도움이 되는 것 같아. 어, 근데 어쩌다가 이런 말까지 나왔지? 미안 미안."

"아니에요. 계속 말씀해주세요. 저 이제 곧 결혼해야 하는데 좀 혼란스러워서 그래요."

"흠, 내가 권 사원의 상황을 잘 알지는 못하지만 말이야. 한 가지는 확실히 말해줄 수 있어. 결혼을 하기 위해서 연애를 하는 게 아니라, 연애를 하다가 이 사람이다 싶으면 결혼을 하는 거야. 절대 결혼을 전제로 사람을 만나지는 마. 결혼은 안 해도 그만이야."

"네…… 그런데 결혼 날짜가 점점 다가오니 걱정이 많아요."

"남자친구랑 그때 그 문제?"

"네, 자꾸 돈 얘기하면 제가 속물인 거 같아서 어디 가서 말도 못하겠어요."

"아니야. 돈 이런게 정말 중요해. 주변에 보면 다 돈 때문에 서로 물고 뜯고 해. 돈 문제는 투명하게 하는 게 좋아. 대부분의 이혼 사유도 사실 성격 차이가 아니라 돈 문제일걸."

권 사원은 답답한 마음에 속앓이하던 문제를 꺼낸다.

"남자친구가 월급 받으면 게임에, 장난감에…… 이상한 데다가 다 쓰는 거 같아요. 그러면서 집에서 용돈까지 받아 쓰고 있더라고요."

"그때 그 문제가 아직 해결이 안 됐구나. 남자친구가 게임 좋아한다고 했지?"

"네. 제가 보기엔 중독이에요. 회사에서도 그렇고 저 만날 때도 계속 게임만 해요."

"남자친구가 게임에 의존하고 부모님과 분리도 아직 못하고 있고, 그런 거지? 소비 습관도 이해를 못하겠고."

"네. 그러다 보니까 그냥 이유 없이 미워 보여요. 제가 이상한 건가요?"

"그럴 수 있지. 그래서 결혼을 해야 할지 말아야 할지 고민인 거구나. 어머님은 뭐라고 하셔?"

"엄마는 그냥 하라고 하시는데……."

"내가 나서서 얘기하긴 그렇긴 한데 권 사원, 자신의 인생은 자신이 정하는 거야. 절대 다른 사람이 대신 살아주지 않아. 부모님도, 남편도, 자식도, 친구도 전부 각자의 인생

이 있어. 세상에서 가장 중요한 사람은 자기 자신이야. 혹
시 권 사원이 가장 편하다고 생각하는 사람 있어?"

권 사원은 곰곰이 생각한다.
"음…… 저는 할머니가 가장 편해요. 어릴 때부터 항상 제
편이셨어요."
"그럼 할머니께 한 번 여쭤봐. 솔직하게 고민을 말씀드려."
"네, 송 과장님. 고맙습니다."

얘기하다 보니 어느새 점심시간이 끝난다. 권 사원과 정대
리, 송 과장은 사무실로 돌아간다.

2

주말이다.
권 사원은 할머니를 만나러 가기로 한다. 할머니는 엄마보
다 더 자신을 이해하고 사랑해주는 분이다. 고민거리가 있
을 때마다 늘 좋은 말씀을 해주신다.

마트에 들러 이것저것 할머니가 필요하실 만한 것들을 산다. 할머니가 좋아하시는 마이구미가 보여 몇 봉지 같이 챙긴다.

덜커덩덜커덩.
할머니가 계신 요양원으로 향하는 시외버스는 비포장도로를 열심히 내달린다. 권 사원은 콘크리트에 깔릴 것 같은 도시에서 벗어나 창밖으로 흘러가는 산과 들을 보기만 해도 숨통이 트이는 것 같다.

"감사합니다!"
버스에서 내리니 향긋한 흙냄새가 코를 찌른다.

축축한 흙을 밟으며, 새소리를 들으며, 신선한 공기를 들이마시며 요양원으로 향하는 길.
권 사원은 만나기도 전에 이미 할머니를 만나러 오길 잘했다고 생각한다.

"안녕하세요."
"안녕하세요. 오랜만에 오셨네요. 할머니 면회 오셨죠? 거

동이 좀 불편하시긴 한데 그래도 요즘 많이 좋아지신 편이에요."

"다행이에요. 감사합니다!"

멀리 할머니가 보인다. 웃으며 권 사원을 보고 있다.

"할머니! 저 왔어요."

"우리 애기 왔어?"

"내가 무슨 아직도 애기야. 나 이제 서른이에요, 할머니."

"서른이면 애기지 뭐. 결혼한다면서? 이 할미가 몸이 불편해서 갈 수 있으려나 모르겠다. 우리 애기 식 올리는 모습 봐야 하는데."

할머니는 아직까지 권 사원을 애기라고 부른다. 권 사원은 싫지 않다.

"어떻게 지내셨어요? 몸은 괜찮으세요?"

"나야 괜찮지. 뭘 걱정해. 먹여줘, 재워줘, 아프면 돌봐줘. 근데 우리 애기 얼굴이 안 괜찮은데? 이 할미한테 말해봐. 왜 그래? 무슨 일인데."

"할머니……."

"그래. 말해봐."

"사실…… 고민이 있는데…… 결혼하기로 한 사람이랑 결혼을 해야 할지 모르겠어요. 결혼해서 잘 살 수 있을지……."

"내가 살면서 제일 후회하는 게 뭔 줄 알아? 나를 위해 못산 거야. 니 할애비 챙기고 자식들 챙기다 보니까 금방 노인네가 되어버렸어. 지금 건강하기만 하다면 내가 좋아하는 거, 하고 싶은 거만 하며 살란다. 여기 있는 노인네들 이 세상 떠날 사람들이잖아. 얘기해보면 다 똑같은 말만 해. 자기 인생 제대로 즐기지 못하고 산 게 너무 억울하다고."

할머니도 얼마 후면 세상을 떠날 사람이라고 생각하시는 게 너무 가슴 아프다.

권 사원은 할머니 손을 꼭 잡는다.

"뭘 그리 걱정해? 결혼해서 행복하지 않을 것 같으면 안 하면 되지. 누가 뭐라고 할 거야. 인생 대신 살아줄 거야?"

"맞아요…… 고마워요, 할머니."

권 사원은 울컥하는 마음을 추스르고, 얼른 가방에서 사온 것들을 꺼낸다. 그리고 마이구미 봉지를 뜯어 할머니에게 내민다.

"할머니, 여기 우리 할머니가 좋아하는 마이구미 포도맛."

"아이고, 이 할미가 좋아하는 거 다 기억하고 있네. 나는 우리 애기랑 이거 나눠먹을 때가 제일 행복하더라."

각자 한 봉지씩 후딱 해치우던 때가 있었다. 이제 치아가 약해지신 할머니는 녹여 드신다. 권 사원도 같이 녹여 먹는다. 우리 할머니, 뱃살도 있고 볼살도 있으셨는데 어느새 뼈만 앙상하게 남았다.
"할머니, 건강하셔야 해요."
권 사원은 할머니 손을 꼭 잡고 속삭인다.

할머니와 아쉬운 인사를 하고 요양병원 밖으로 나온다. 할머니를 두고 나오는 마음이 무겁다.
요양병원, 요양원…….
여기는 어떤 곳일까.
나이 들면 누구나 거쳐야 하는 종착지일까.
그냥 살던 집에서 살다가 눈 감을 수는 없는 걸까.
누군가 돌봐줘야 하는데 이 바쁜 세상에서 누가 누구를 돌봐줄 수 있을까.

권 사원은 할머니를 방문한 본래의 목적은 잊고 여러 가지 생각이 많아진다.

여기 있는 사람들은 그동안의 삶에 만족할까, 아니면 후회할까.

후회한다면 무엇에 대해 가장 후회를 할까.

다시 그때로 돌아가길 원할까, 아니면 미련 없이 세상을 떠나길 원할까.

집에 도착한 권 사원은 일찍 잠이 든다.

꿈도 꾸지 않고 깊이 잠든다.

3

알람소리가 울린다.

알람소리만큼은 꿈이라고 믿고 싶다.

겨우 알람을 끈다. 더 잘까, 지금 일어날까. 머릿속에 갈등의 소용돌이가 휘몰아친다. 권 사원은 일어나기를 택한다.

평소보다 일찍 준비하고 집을 나선다. 플랫폼에서 지하철을 기다린다. 멀리서 쌍라이트를 켠 지하철이 다가온다.

지하철이 서서히 멈춰선다. 문 열리는 곳보다 반걸음 더 가서 멈춘다. 살짝 뒤로 후진하더니 위치를 딱 맞춘다.

지하철을 탄다. 사람들이 별로 없다. 빈 자리도 꽤 있다. 이상한 사람들도 안 보인다. 쾌적하다. 송 과장이 일찍 지하철을 타는 이유가 있다.

사무실에 들어서니 역시나 송 과장이 자리에 앉아 있다.
"송 과장님, 주말 잘 보내셨어요? 저 할머니 뵙고 왔어요."
"그래? 잘했네. 뭐라셔?"
"송 과장님과 비슷한 말씀을 해주셨어요. 제 인생 제가 결정해서 살라고요."
"그래, 권 사원도 잘 생각해봐. 남자친구랑 이야기도 해보고. 권 사원 마음 가는 대로 하는 게 제일 좋은 결정일 거야. 힘내."

권 사원은 남자친구와 속초로 여행을 간다.

이번 여행에서 남자친구와 결혼에 대해, 미래에 대해, 그리고 각자 스스로에 대해 진지한 이야기를 하고 싶다.

남자친구가 남자친구 부모님께 전화를 한다. 속초 다녀온다고, 너무 걱정하지 말라고, 운전 조심히 하겠다고, 맛있는 거 많이 먹고 오겠다고 한다. 늘 어디 갈 때면 부모님께 보고를 한다.

처음 가보는 서울양양 고속도로다. 오랜만에 서울을 벗어나니 가슴이 탁 트인다. 터널이 많다.

터널이 많은 것은 산도 많다는 뜻이겠지. 터널 이름이 기린1터널, 기린2터널, 기린3터널…… 계속 나온다. 길어서 기린이라고 지었나.

터널 안에 화려한 조명이 있다.

호루라기 소리도 난다.

권 사원은 여행을 간다기보다 인생에 있어 중대한 전투를 앞둔 기분이다.

아니지, 싸우러 가는 게 아니지.

티비 토론을 앞둔 대선 후보, 범인의 자백을 받아내는 형사가 된 심정이다.

남자친구를 힐뜯거나 취조하거나 몰아붙이려는 게 아니다. 사랑하는 사람, 사랑했던 사람의 진심을 알고 싶은 여자친구이자 예비 신부 자격으로 미래의 배우자에 대해 제대로 알고 싶은 것뿐이다.

서울에서 속초까지는 생각보다 가깝다. 밀리지만 않으면 2시간이면 도착한다는데 오늘은 좀 밀린다.

"네가 늦게 나와서 차 밀리잖아."

남자친구가 말꼬리를 길게 늘이면서 짜증이 섞인 말투로 말한다.

"미안해."

"네가 제 시간에만 나왔어도 벌써 도착했겠다."

권 사원은 남자친구랑 먹을 과자를 챙기느라 약속시간보다 10분 늦었다. 뭐라 대꾸할 말도 없어서 더 이상 대답하지 않는다.

에어컨 바람이 차다. 춥다. 더위를 많이 타는 남자친구에게 미안하지만.

"추운데…… 에어컨 좀 줄일까?"

"이거보다 한 단 낮추면 더워져."

권 사원은 자신 쪽의 에어컨 구멍을 막는다. 창문을 살짝 연다. 따뜻한 바람이 들어온다. 저 멀리 터널이 보인다. 터널이 가까워지자 창문을 닫는다. 팔짱을 끼고 몸을 움츠린다.

남자친구는 덥고, 자신은 춥다. 덥고도 냉랭하다.

둘 다 아무 말이 없다. 침묵을 채워주는 것은 라디오 소리뿐이다. '붐붐파워'에서 웃짜와 레츠고 광고타임 슈우우웅을 몇 번 듣다 보니 속초에 도착한다.

5

숙소에 짐을 풀고 나니 남자친구가 바닷가로 가자고 한다.

바다의 색깔은 하나인 것 같지만 햇살이 쨍할 때의 색깔과 흐린 날의 색깔은 완전 다르다. 쨍한 날은 하늘색과 짙은 파란색의 중간을 띄지만 흐린 날은 어두운 파란색과 회색을 섞어놓은 듯한 탁한 색이다. 오늘은 구름 한 점 없는 맑은 날이다.

내 머리도 마음도 하늘처럼 맑았으면 좋겠다.

남자친구의 머리와 마음 속을 투명하게 볼 수 있었으면 좋겠다.

바닷가로 간다. 권 사원은 신발과 양말을 벗고 부드러운 모래의 촉감을 느끼며 걷고 싶다. 남자친구는 신발에 모래가 들어가는 것을 싫어한다. 모래를 밟는 느낌도 싫어한다. 신발에 모래가 들어갈까봐 뒤꿈치부터 조심스레 살금살금 걷는다. 남자친구의 신발에 모래가 안 들어갔으면 좋겠다. 들어가면 그의 기분에 짜증이 더해질지 모른다. 괜히 온 것 같다.

남자친구 핸드폰에서는 계속 진동이 울린다. 게임 알람이다. 예전 같으면 바로 바로 확인할 텐데 오늘은 확인하지 않는다.

게임에 목매는 모습을 보여주기 싫은 걸까?

좀 변한 건가? 기대해봐도 되나?

약간의 희망이 생긴다.

별말이 없다. 보통 권 사원이 먼저 말을 시작하는데 권 사원이 말을 안하니 남자친구도 말을 안 한다. 냉랭하지도 포근하지도 않은 분위기다.
그때 남자친구가 한 마디 한다.
"닭강정 사러 갈까?"

아까부터 하고 싶었던 말인 것 같다. 권 사원과 남자친구는 속초시장으로 간다. 유명하다는 닭강정 가게를 찾아 들어간다. 위생 문제로 뉴스 기사가 난 이후로 주방을 완전히 바꿨다고 한다. 권 사원네 회사 공장의 클린룸 수준과 맞먹는다. 마치 반도체 회사를 연상시킨다. 반도체 엔지니어들이 닭강정을 튀기는 것 같다.

속초라서 가격이 쌀 줄 알았는데, 서울보다 비싸면 비쌌지 싸지 않다.
1만 7천 원, 1만 8천 원…….
요즘 마트에 가면 1만 원 초반대에 치킨 한마리 살 수 있는데……. 어쩐지 아깝다는 생각이 든다.

닭강정 보통맛을 포장해서 숙소로 간다. 가는 길에 맥주를 산다. 자신이 좋아하는 오감자와 남자친구가 좋아하는 썬칩도 산다.

숙소로 들어가 남자친구가 손을 닦는 동안 권 사원은 닭강정 박스를 열고 상을 차린다. 뒤이어 권 사원이 손을 닦는 동안 남자친구는 과자 봉지를 뜯는다. 세면대 위에 있는 비누가 포장 그대로 있다. 남자친구는 비누칠 안 하고 물칠만 했다. 권 사원은 비누칠을 꼭 해야 손을 닦은 것 같다.
사소한 것부터 차이가 난다. 사소하니까 차이가 나는 것일 수도 있다.

맥주 캔을 딴다.
치익.
가스 빠져나가는 소리가 짧고 간결하다.
가볍게 건배를 한다. 무표정도 아니고 미소 짓는 표정도 아니다. 어정쩡한 표정이다.

그 유명하다는 속초 닭강정을 드디어 먹는다. 아, 그런데 기대가 너무 높았나. 서울에서 먹던 그냥 평범한 맛이다.

남자친구가 그동안 들여다보지 않은 핸드폰을 본다. 손가락이 바쁘게 움직인다. 왼손에는 닭강정, 오른손에는 핸드폰.

남자친구에게는 핸드폰 1위, 닭강정 2위, 가끔 나 3위.

권 사원이 먼저 말을 꺼낸다.

"닭강정 맛이 괜찮긴 한데 너무 기대가 컸나봐."

남자친구는 핸드폰에서 눈을 떼지 않고 대답한다.

"어, 나도 그래."

"뜨거우면 더 맛있을 것 같은데."

"어."

6

권 사원과 남자친구 사이에 다시 침묵이 이어진다.

권 사원은 다시 먼저 말을 붙이기 싫다. 그래도 여행 기분도 내야 하고 진지한 이야기도 해봐야 하는데, 계속되는 침묵이 불편하다.

"게임 재밌어?

"아까 운전하느라 못해서…… 이거 조금만 할게."

"……그래."

남자친구가 게임에 정신이 팔려 있는 중에 핸드폰으로 전화가 온다. 남자친구의 어머니이다.

"아, 씨! 아이템 못 먹었잖아! 아오! 여보세요?"

"잘 도착했어? 궁금해서 전화했어."

"어, 잘 도착했지. 왜?"

"그냥 궁금해서 한 거야, 잘 도착했는지."

"어, 끊어."

남자친구는 통화종료 버튼을 급하게 여러 번 누른다.

"아, 씨…… 큰일 날 뻔했네."

다시 폰을 가로로 두고 게임 화면을 띄운다.

어머니가 전화를 했는데 저렇게…….

권 사원은 생각한다. 남자친구가 게임하는 중에 자신이 전화를 했어도 저랬을 수 있겠구나. 아니다. 쭉 그래왔을 것이다. 전화를 받고 억지로 통화를 이어가다가 빨리 끊기만

을 기다렸겠지.

권 사원은 오감자를 하나 집어 먹는다. 바사삭 씹다가 과
자가 목으로 거의 넘어갈 때쯤 맥주를 한 모금 마시면서
과자와 같이 넘긴다. 그러면서 남자친구의 게임하는 모습
을 지켜본다. 썬칩을 하나 집어 먹는다. 천천히 씹는다.

남자친구는 권 사원의 시선을 의식했는지 힐끔 쳐다본다.
"다했다, 다했어."
"응…… 짠."
"짠."

맥주 캔끼리 부딪치고 또 한 모금 마신다. 이게 미래의 모
습이다. 한 명은 게임하고, 한 명은 얼굴 보고 이야기하자
고 기다리는 모습. 멍하니 기다리고 앉은 자신의 모습이
한심하다. 무슨 애정결핍도 아니고 뭐하는 건지 모르겠다.

권 사원은 일그러진 미소를 입가에 담고 말한다.
"우리 결혼하면…… 게임하는 시간 정해놓고 할까?"
"뭐야, 니가 엄마야? 우리 엄마도 그런 소리 안 해."

"어…… 알았어. 미안."

"그리고 내가 게임하는 거 취미잖아. 나 술도 안 마시고 담배도 안 피고 친구들도 안 만나고 그냥 이게 취미야. 네가 이해해줘. 내가 게임하는 동안 너는 너 취미생활 해. 나 쳐다보고 있지 말고."

남자친구는 도무지 이해할 수 없다는 표정이다 .

"나도 그 게임 해보려고 몇 번 시도해봤는데 재미 없어서 그냥 지웠어."

"이게 처음에는 그래. 계속 하다보면 재밌어. 내가 가르쳐줄게. 같이 하면 더 재밌어."

"아니야, 괜찮아."

"여자들은 왜 남자들 게임하는 걸 싫어할까? 도대체 이해를 못하겠네."

남자친구는 고개를 절래절래 흔든다.

7

남자친구와 권 사원은 한동안 말이 없다.

게임도 같이 해보려고 노력했는데…… 답답하고 한편으로는 억울하기도 하다. 침묵이 다시 이어진다. 결국 권 사원이 먼저 침묵을 깼다.

"우리 결혼 다시 생각해볼까?"
권 사원은 자신도 모르게 속마음이 튀어나온다. 말해놓고 나니 자신도 당황스럽다.
"어? 무슨 소리야?"
남자친구가 당황한 목소리로 대답한다. 권 사원은 이왕 꺼낸 말이니 계속 이어간다.

"우리 결혼…… 잘 모르겠어."
"왜, 이제 와서?"
"나에 대해 자신이 없어……."
"원래 그래. 결혼 전에는 다들 그런 생각이 든대. 너무 심각하게 생각하지 마. 뭐가 걱정이야?
"결혼하면 내가 잔소리를 엄청 할 것 같다는 생각이 들어.

서로한테 스트레스 주고, 그러다가 싸우고……."
"왜 그런 걱정을 해? 나한테 잔소리할 게 뭐가 있어. 그냥
다 맞춰가며 사는 거야."

권 사원은 맥주를 한 모금 마시고 본론을 말한다.
"나랑 다른 점이 너무 많은 거 같아."
"어떤 거?"
한두 개가 아니다. 일일이 나열하기도 어렵다. 말로 설명하
기가 어렵다.

"부모님과의 관계라든지, 경제적인 부분이라든지. 이해 안
가는 부분이 많아."
"용돈 받는 거랑 게임에 돈 쓰는 거? 그게 이해가 안 가?
맥주 사 먹는 거는 이해 가고? 그리고 용돈 받으면 좋은
거지. 넌 지금 복에 겨운 거야. 나중에 결혼하고 나서 우리
부모님이 용돈 안 주면 오히려 섭섭할걸?"
"나는 용돈 안 받아도 돼. 다른 사람한테 손 벌리는 거 싫
어. 우리끼리 돈 열심히 모으면서 재테크도 하고 같이 여
행도 다니고, 그렇게 살고 싶어."
"재테크는 하고 싶다면서 용돈은 받기 싫다고? 그게 말이

돼? 그리고 이제까지 재테크 같은 데 관심도 없었으면서 결혼한다니까 갑자기 왜 이러는데?"

"이것 봐. 우리는 너무 경제관념이 너무 다르잖아. 이것 때문에 결혼하고 나서도 분명 부딪칠 거야."

"경제관념? 네 경제관념이 뭔데? 월세 살면서 재테크 하는 거? 그렇게 하면 경제관념 있는 짓이야? 그냥 멍청한 짓이지. 너 같은 팔랑귀들이 이상한 데 투자해서 말아먹는 거야."

권 사원은 말문이 막힌다. 이 대화를 계속 끌고 가야 할지 모르겠다. 아예 자신의 말은 들으려고 하지 않는다.

남자친구가 권 사원을 노려보고 있다. 권 사원도 지지 않고 남자친구를 쏘아본다. 적어도 대화를 하면 뭔가 해결책이 나올 수 있으리라 생각했는데, 이건 마치 벽이랑 대화하는 것 같다.

"오빠는 그냥 현실을 도피하려는 것처럼 보여."

"내가? 완전 어이없다. 너 그냥 결혼하기 싫으니까 이상한 핑계 갖다 붙이는 거지?"

"아니야. 집 문제도 그렇고 용돈도 그렇고 현실 도피 맞아.

게임도 취미가 아니라 중독처럼 하고 있어. 그냥 현실 도피하려고!"

"내가 무슨 중독이야!"

지이이잉.

핸드폰에서 게임 알람이 울린다. 남자친구는 고민한다. 이 상황에서 버튼을 누를지 대화를 이어갈지. 권 사원도 궁금하다.

남자친구는 몇 초간 고민하더니 재빠르게 버튼을 누르고 대화를 이어간다.

"게임 좀 하는 거 갖고 중독자 취급하고 그래! 네가 이상한 거 아니야? 요즘 집 얘기하면서 돈돈 거리고, 내가 레고 샀다고 이상하게 쳐다보고. 그게 뭐가 잘못한 거야? 내가 무슨 죄졌어? 내가 말했잖아 술 담배 안 하는 대신 취미로 하는 거라고."

"나도 술 담배 안 해. 술 담배 안 하는 걸 대단한 것처럼 말하지 마."

"다른 남자들 다하잖아. 그리고 여자가 술 담배 안 하는 건 당연한 거지. 우리 엄마가 술 담배 하는 여자 절대 만나지 말라고 그랬어."

확실해졌다. 이 남자는 진짜 아니다. 툭하면 엄마가 그랬
어, 엄마가 그러는데, 엄마가 그랬는데.
내가 그동안 미쳤나 보다.
아직 엄마 품에서 벗어나지 못한 이런 사람을 좋아했다니.
평생 엄마 둥지에서 못 벗어날 사람이다.

"그래, 내가 이상한 거야. 그런 걸 이해 못하고, 앞으로도
못할 것 같은 내가 이상한 거야. 됐지? 나 갈게."
"어딜 가, 지금?"
"알아서 갈 테니 신경 쓰지 마. 이제 우리 서로 보는 일 없
었으면 좋겠어."
"아, 씨! 나랑 장난해?"

저놈의 얼굴에 맥주를 확 뿌려버리고 싶다.
권 사원은 바로 짐을 싼다. 이 사람 얼굴은 더 이상 보고
싶지 않다. 볼 이유도 없다. 택시를 부른다.

싸우려고 한 게 아닌데 싸움이 되어버렸다. 진지한 대화를

그래서 오늘은 축제

원했는데…….

남자친구는 예전부터 그랬다. 중요한 문제나 속마음을 이야기하려고 하면 다른 주제로 돌리거나, 웃어 넘기거나, 화를 냈다. 왜 피하는 걸까. 무엇이 두려운 걸까.

권 사원은 택시를 탄다. 속초고속버스터미널로 가달라고 말하고는 뒷좌석에 몸을 깊이 묻는다.

3년 넘게 나는 이 남자를 왜 좋아했을까. 무엇 때문에 결혼까지 생각했을까.

그냥 결혼할 나이가 돼서? 그 정도 사귀었으니 당연히 결혼을 해야 한다는 생각 때문에? 이 남자가 아니면 다른 사람을 못 만날 것 같은 불안감?

내가 상대를 미친 듯이 사랑했다면 모든 것을 다 이해했을까. 나도 모르게 그 사람이 완벽한 사람이기를 기대한 걸까. 내가 바뀌어야 했나. 내가 나를 바꾸기도 힘든데 남이 바뀌기를 기대하는 것은 욕심인가.

너무 많은 생각이 휘몰아친다.

뭐가 잘못된 거지. 누가 잘못한 거지.

자꾸 곱씹는다. 결론 없는 질문들만 맴돈다.

이제야 조금 알겠다. 연애를 할 때는 사랑의 결실이 결혼인 것 같지만, 실제로 그 결혼은 사랑에 현실이 더해진 시작점이다. 마치 취업준비생들한테는 취업이 모든 게 끝인 것 같지만, 혹독하면서 허무한 현실이 기다리고 있는 것처럼.

우리끼리 우스갯소리처럼 하던 얘기가 있다. 인생에서 마음대로 안 되는 게 세 가지가 있는데 첫 번째는 사랑, 두 번째는 결혼, 세 번째는 USB 한 번에 꽂기.
완전 틀린 소리는 아닌 거 같다.

권 사원은 버스터미널에 도착한다. 오늘 출발하는 버스는 모두 떠나고 없다. 모텔에서 자야 한다. 그 자식이랑 있으니 혼자 있는 게 낫다.
모텔에 짐을 놓고 근처 바닷가로 간다. 가족들과 연인들이 폭죽놀이에 한창이다. 낮은 하늘에 연기가 폴폴 떠간다.

이 밤에 혼자서 바닷가를 걷는 사람은 자신뿐이다. 다들 누군가와 같이 있다.
그런데 외롭지 않다. 발목에 채워져 있던 족쇄를 끊어낸 기분이다.

드라마에서 여주인공이 맨발로 바닷가를 걷는 게 멋있어 보였다. 권 사원은 신발을 벗고 양말을 벗는다. 이제 거리낄 게 없다.

앗, 그런데 여기저기 소주병이 널부러져 있다. 깨진 병도 보인다. 잘못하다가 유리 조각이라도 밟으면 피를 볼 것 같다. 안 되겠다. 권 사원은 주섬주섬 다시 양말을 신고 신발을 신는다.

어둑어둑한 해변가를 걷다가 모래성을 만든다. 파도에 무너지지 않게 수로도 판다. 파도가 몇 번 왔다 갔다 하니 금세 없어진다.

아무도 내가 여기에 모래성을 만든지 모른다. 나만 안다. 잠시 시간이 지나면 나조차도 어디에 모래성을 만들었는지 모른다. 뭐든지 쌓는 것은 오래 걸리지만 무너뜨리는 것은 쉽다. 마음의 성도 비슷하다.

가게에서 폭죽을 판다. 15발짜리 폭죽을 하나 산다. 폭죽에 불을 붙이려는데 라이터가 없다.

저쪽에서 아빠, 엄마, 딸, 아들 네 식구가 소리를 지르며 폭죽을 터뜨리고 있다. 5만 원어치는 산 것 같다. 행복해 보인다. 저런 가정을 꾸리는 게 인생의 정답일까.

"저기요, 죄송한데 라이터 빌려주실 수 있으세요?"
"아 네, 여기요."
"감사합니다."

권 사원은 불을 붙이고 팔을 쭉 뻗는다.
슉! 파박파파팍!
손에서 한 발씩 나갈 때마다 전해지는 미세한 충격이 좋다. 이 폭죽들과 함께 그 자식에 대한 기억을 모두 날려버리고 싶다.
폭죽은 축제 때 터뜨린다. 혼자 바닷가에서 폭죽을 터뜨린 오늘 밤은 잊히지 않을 것 같다.

달까지 달려가도 닿을 수 없다

1

정 대리의 신혼집에 주문한 가전과 가구가 모두 들어왔다.

집은 20년 정도 되었지만 최신식 가전제품이 인테리어 역할을 한다. 집 연식에 비해 가전제품이 너무 새것이다 보니 어딘가 어울리지 않는다. 다 깨진 손톱에 매니큐어를 바른 것 같다.

다용도실에서는 세탁기와 일체형으로 나온 건조기가 낮은 소음을 내며 돌아가고 있다. 방에서는 스타일러가 옷을 흔들고 있다. 거실에서는 무풍 에어컨이 은은한 바람을 내뿜는다. 360도 공기청정기가 미세먼지를 빨아들이고 있다. 초고화질 텔레비전이 드라마를 보여주고 있다. 무선 청소기는 구석에서 묵묵히 충전 중이다. 주방에서는 연핑크색 냉장고가 음식을 신선하게 보관하고 있다. 커피머신은 커피를 내리고 있다. 식기세척기가 설거지를 하고 있다. 음 이온 바람으로 머리칼이 상하지 않게 말려준다는 다이슨 드라이어가 화장대에 놓여 있다.

이 모든 것을 월 200만 원에 누릴 수 있다. 1년만 내면 된 다. 그 후에는 완전히 자신의 소유다. 진정한 풀소유. 정 대 리는 너무나 만족스럽다.

이 순간을 사진으로 찍어서 올리고 싶은데 거실 바닥 색 깔이 마음에 들지 않는다. 벽지에는 기하학적 무늬들이 박혀 있다. 도배를 화이트로 새로 할 걸 그랬다. 체리색 문 틀도 마음에 들지 않는다. 집 주인이 아니니 마음대로 바 꾸지도 못한다. 집 사진을 찍을 수가 없다.

화이트톤의 미니멀 인테리어로 꾸며 살고 있는 친구 집을 떠올리니 더욱 비교가 된다. 가전으로는 커버할 수 없는 게 있다. 그래도 이 최신상 가전제품들을 쓰고 있는 모습 을 공유해야 한다. 모두가 부러워해야 한다.
커피머신만 클로즈업해서 찍어 업로드 한다.

#홈카페 #아메리카노 #커피한잔의여유

2

정 대리 부부는 저녁 산책을 하러 한강공원으로 나간다.

한강에 매일 나올 것처럼 이야기했지만 정작 몇 번 나온 적은 없다. 사람들이 많다. 돗자리 깔고 옹기종기 앉아 먹고 마시고 있다.

자전거 도로에서는 자전거들이 쌩 소리를 내며 지나간다. 킥보드도 많이 보인다.

"오빠, 나 사진 좀 찍어줘."

정 대리는 무릎을 꿇고 허리를 구부려 사진을 찍는다. 이렇게 사진 찍는 사람들 참 못났다고 생각했는데, 이제는 자신이 이러고 있다.

"아니, 폰 거꾸로 돌려서. 카메라가 아래로 가게. 계속 눌러. 하나만 건지면 돼."

그녀가 명령한다.

찰칵 찰칵 찰칵.

활짝 웃으며 만세를 한다. 김연아처럼 한 바퀴 돌기도 한다. 전지현처럼 머리카락도 튕긴다. 저 멀리 바라보기도 한다. 놀란 척 부끄러운 척 귀여운 척도 한다.

찰칵 찰칵 찰칵.

짧은 순간에 사진 30여 장을 찍었다.

맥주를 사러 편의점에 간다. 편의점 근처는 라면 냄새로 가득하다. 이 밤에 편의점은 라면 먹는 사람들로 득실거린다. 신기하게 은박 그릇에다 봉지라면을 끓여 먹는다. 저게 컵라면보다 맛있나? 집에서 먹는 것보다 아무래도 밖에서 먹는 게 더 맛있을 것 같긴 하다.

둘은 맥주를 마시며 계속 걷는다. 사람 구경이 재미있다. 다리 위로 지나가는 지하철을 보는 것도 낭만적이다. 걷다 보니 집에서 꽤 멀리까지 왔다.

"오빠, 나 힘들어. 다리 아파."

센스 있는 남자라면 이런 상황에서 대안을 생각하기 마련이다. 저기 킥보드 여러 대가 서 있다.

"그럼 우리 저기 있는 킥보드 타볼까?"

"와, 좋아. 저거 타보고 싶었어."

정 대리는 자신의 동물적 센스에 스스로 감탄한다. 앱을 깔고 신용카드를 등록하니 바로 탈 수 있다.

두 사람은 킥보드에 함께 올라타서 중심을 잡는다. 앞에는 와이프가 타고, 뒤에 정 대리가 탄다. 가끔 이렇게 타는 커플들을 보고 그냥 각자 타지 뭐 하러 같이 타나 했는데 막상 자신이 그렇게 타니 흐뭇하다. 결혼하고 식었던 연애 감정이 다시 생기는 것 같다.

속도가 꽤 빠르다. 웬만한 자전거는 그냥 추월한다.

"그냥 이거 타고 집 앞까지 가자!"

"좋아!"

한강공원을 벗어나 집 쪽으로 향한다.

"이거 진짜 편하네. 왜 진작 안 타고 다녔지? 차가 필요없 겠……."

픽!

으악!

정 대리는 길거리에 넘어져 있던 킥보드에 걸려 넘어졌다.

넘어지면서 앞에 있던 와이프는 소화전에 머리를 부딪치고 내동댕이쳐졌다. 정 대리는 보도블럭을 굴렀다.

"자기야, 자기야. ……자기야!"
답이 없다. 움직이지 않는다.

"119, 119! 여기요! 빨리요, 빨리. 빨리 와주세요!"
구급차가 도착해 응급실로 실려간다. 구급차에 올라타고부터 기억이 나지 않는다. 눈앞에서 불빛이 왔다 갔다 한 기억만 있다.

3

정 대리가 깨어난다.
조금씩 정신이 돌아오면서 몸을 일으키려는데 일어나기가 힘들다. 조심스럽게 팔다리를 움직여본다. 다리가 잘 움직이지 않는다. 고개를 빼고 살펴보니 다리에 깁스를 대고 있다.

여기가 어디지?

내가 지금 여기에서 뭐 하고 있는 거야?

아, 킥보드 타다가 넘어졌지.

어디를 얼마나 다친 거야?

와이프는?

텔레비전 소리가 들린다. 커튼으로 가려져 있어 누가 있는지 보이지 않는다. 커튼을 연다. 맞은편에서 간호사가 다른 환자를 체크하고 있다.

"저기요. 제 와이프는 어디 있어요?"

"중환자실에 있습니다."

"주, 죽었어요?"

"아니요. 그런데 아직 의식이 없으세요."

"네에?"

"일단 환자분도 안정이 필요해요. 아내분 보호자가 와 있으니 너무 걱정하지 마시고 움직이지 말고 계세요."

머리가 깨질 것 같다. 다리는 감각이 없다.

킥보드가 그렇게 빨랐나.

옆 침대에 정 대리와 비슷한 나이 또래의 남자가 있다. 먼저 말을 걸어온다.

"혹시 킥보드 타다가 그랬어요?"

"네……."

"저는 오토바이 타다가 사고가 났어요."

"네……."

"저보다 훨씬 많이 다치셨네요."

"네……."

"다시는 안 타려고요. 차에 박는 순간 이렇게 죽는구나 했어요."

"네에……. 저도 넘어지고 나서 기억이 없어요. 와이프랑 같이 탔는데……."

"하나에 두 명이 타신 거구나. 진짜 큰일 날 뻔했네요."

"와이프 보러 가야 하는데…… 움직이지도 못하고……."

정 대리는 여전히 정신이 없다.

얼마 후, 다른 간호사가 들어온다.

"환자분, 괜찮으세요?"

"아, 네. 아까는 감각이 없었는데 지금은 욱신거려요."

"회복 중이라 당분간은 그러실 거예요. 수술은 잘 끝났습니다."

"제 와이프는요?"

"아내분은 중환자실에 있습니다. 뇌 수술을 하셨어요."

"네? 뇌 수술이라고요?"

"네, 정말 큰일 날 뻔했어요. 119에 빨리 신고하신 덕에 그래도……."

"상태가 많이 안 좋습니까?"

"머리 쪽이라 회복하는 데 시간이 꽤 걸릴 것 같아요. 수술을 한 번 더 해야 할 수도 있고요."

"보러 갈 수 있나요?"

"아내분은 주무시고 계세요. 환자분도 움직이기 어려우실 거예요. 수술 끝난 지 얼마 안 됐으니 당분간 이대로 계셔야 해요."

"네……."

간호사가 몇 가지를 확인하고 나간다. 옆에 있던 남자가 다시 말을 건다.

"혹시 보험 따로 들어놓은 거 있으세요?"

"아니요."

"제가 알기로 뇌 수술이면 병원비가 꽤 나올 텐데요."

"아……."

"입원비, 수술비 다 미리 계산해두셔야 해요. 만만치 않게 나와요.”

“네…… 감사합니다. 알아볼게요.”

4

며칠 뒤, 정 대리는 목발을 짚고 움직일 수 있게 되었다.

화장실에 간다. 거울을 보니 끔찍한 몰골의 사내가 있다.

병원비가 궁금하다. 원무과로 가서 병원비가 얼마인지 물

어본다.

“저 병원비 알고 싶어서 왔는데요. 제 와이프 거랑 같이요.”

“네, 잠시만요. 입원비, 수술비 다 해서 현재까지 3천만 원

입니다.”

“네? 3천만 원이요? 뭐 잘못된 거 아닙니까?”

“환자분 수술한 거 하고, 아내분 머리 수술 두 번 하시고,

입원비까지 다 해서입니다.”

“말도 안 돼. 의료보험이 안 됩니까?”

“의료보험 적용해서 내실 금액만 3천만 원입니다.”

정 대리는 깜짝 놀란다.

3천만 원? 말도 안 돼.

무슨 병원비가 3천만 원이나 돼?

나에겐 3천만 원이 없다.

화가 난다.

뭐 어쩌라는 거야.

좀 따져야겠다.

"근데요. 이 수술 누가 해달라고 했습니까?"

"네?"

"나는 수술해달라고 한 적이 없는데요?"

"무슨 말씀이신지……."

"내가 나랑 와이프 수술해달라고 한 적이 없는데 왜 마음대로 수술해놓고 돈 내놓으라고 하냐고요!"

"수술 안 하셨으면 죽었을 수도 있어요."

"수술 안 하면 죽을지 살지 그쪽이 어떻게 알아요!"

원무과 직원은 대답을 하지 않는다. 이성을 상실한 사람과는 대화할 가치가 없다는 표정이다. 고성이 오가자 원무과 과장이 나온다.

"무슨 일이십니까?"

"나는 수술해달라고 한 적이 없는데 댁들 마음대로 수술해놓고 3천만 원 내놓으라는 게 말이 되냐고요!"

"환자분, 진정하시고요."

"뭘 진정해요! 나는 돈 절대로 못 준다고!"

자신도 모르게 소리를 질러버렸다. 정 대리는 절뚝거리며 목발을 짚고 입원실로 돌아간다. 침대에 누우니 3천만 원이라는 단어가 눈앞에 둥둥 떠다닌다.

월급 받으면 바로 다시 0원인데 3천만 원을 어디서 마련할지 걱정이다.

부모님께 도와달라고 할까. 결혼 자금으로 1억이나 주셨는데. 미쳐버릴 것 같다. 와이프는 돈이 없겠지. 자신만큼 쇼핑을 좋아하는데 그만한 돈이 있을 리가 없다.

돈이나 좀 모아둘걸. 후회된다. 대기업에 8년 가까이 다녔는데 통장에 3천만 원이 없다니. 그동안 뭐했나. 자괴감이 든다.

정 대리는 머릿속이 복잡하다. 돈을 어디에서 융통해야 할지 고민이다.

비트코인을 팔아야 하나. 그건 절대 안 되지. 인생을 한 번에 바꿀 마지막 사다리인데 그건 남겨둬야지.

전세금 빼고 이사 가야 하나? 와이프가 노발대발할 텐데.

차를 팔아야 하나? 팔면 딱 3천 정도 나올 거 같긴 한데.

아…… 말도 안 돼. 어떻게 차를 팔아.

"얼마 나왔대요?"

옆 침대의 남자가 묻는다.

"3천이요……."

"많이 나왔네요. 저는 500 정도 나왔는데 돈이 부족해서 다른 오토바이 팔았어요. 어차피 트라우마 때문에 오토바이도 못 탈 것 같고 그래서요."

"네…… 저도 걱정이네요."

"진짜 고민되시겠네요. 3천이면…… 어우…….."

저 남자도 오토바이를 팔았구나. 나도 차를 팔까. 그거 아니면 돈 나올 곳이 없는데.

비트코인이냐, 자동차냐.

어차피 다리 아파서 운전도 당분간 못하겠지. 그럼 차를 팔아야겠다.

이럴 줄 알았으면 그냥 아반떼 계속 탈걸. 또 한 번 후회가
밀려온다.

5

차를 대신 팔아줄 사람을 찾는다.

그래도 믿을 사람은 가족뿐이다. 여동생에게 전화를 한다.
정 대리는 여동생을 정짱이라 부른다. 스스로 자기가 울
산 '얼짱'이라고 하고 다녀서 생긴 별명이다.

"뭐꼬?"

"어이, 정짱. '뭐꼬'라니. 전화 받자마자. '여보세요'라는 말
모르나?"

"왜 전화했는데?"

"나 차 좀 팔아도."

"차? 니 차? 그 비엠따블유?"

"어."

"왜?"

"엄마한테 말하지 마라. 나 수술비 없어서 차 팔아야 한다."

여동생이 잠시 침묵하더니 한숨을 쉬며 묻는다.
"모아둔 돈 없나?"
"없다. 이것저것 사고, 결혼하면서 돈 다 썼지."
"언니는 없나?"
"없지, 당연히."
"내가 옛날부터 돈 좀 아껴쓰라 했나, 안 했나?"
"아 됐고. 집 비밀번호 알려줄 테니까 차 키 갖고 가서 좀 팔아도. 딜러 연락처 줄 테니까."
"알았다."
"내 통장번호 보내주게. 그리고 딜러가 깎을라 카면 절대 안 된다 해라. 니 그런 거 잘하제. 막 우기는 거."
"머라카노. 나처럼 수줍음 많은 여자한테."
"파하하하하. 나 농담할 기분 아이다, 지금."
"근데 왜 웃는데? 니가 그동안 만난 여자들이나 드셌지. 난 아이다."
"꺼지라. 그 얘기가 왜 나오는데, 유부남한테. 그리고 내 여자친구들이 니보다는 백 배는 낫다."
"자꾸 헛소리하면 니가 군대서 먹던 건빵, 주둥이에 오백 개

확 밀어넣어뿐다. 부탁하는 주제에 말이 많노. 고맙다 캐라."

"팔고나 그런 소리해라."

"팔면 나 좀 떼주는 거가?"

"나 지금 병원비 없어서 차 파는데 그게 할 소리가? 지금 무슨 상황인지 이해가 안 되나?"

"알따 알따. 나 지금 나가야 한다. 집 비밀번호나 보내라."

"알았다. 끊는다. 엄마한테는 차 파는 얘기 절대 하지 말고."

6

송 과장이 병문안을 온다고 한다.

화장실에서 거울을 본다. 처참했던 몰골에도 살이 살짝 올라 있다. 예전 모습은 아니지만 그래도 봐줄 만하다. 눈곱도 떼고 면도도 한다.

송 과장이 문을 열고 들어온다. 오랜만에 보니 반갑다. 누워 있다가 팔로 몸을 받쳐 일으켜 세운다. 팔에 힘이 예전만큼 들어가지 않는다.

"정 대리!"

"송 과장님!"

"이게 무슨 일이야. 큰일 날 뻔했네."

"네…… 그래도 저는 이 정도라 괜찮습니다. 와이프는 아직 중환자실에 있어요."

"아직도? 심각했구나……."

"네, 와이프는 뇌 수술만 두 번 했어요."

"하아…… 괜찮아진 거야?"

"네, 이제는 사람 대충 알아봐요. 회복 중이라고 하니 다행인데…… 의사 선생님이 죽지 않은 게 다행이래요."

"킥보드가 참 위험하네."

"속도가 빠른 것 같긴 했는데 그 정도일 줄은 몰랐어요. 천천히 갈 걸 그랬어요."

"그렇구나……. 참, 여기 정 대리가 좋아하는 자동차 잡지야. 심심할 때 보라고."

"감사합니다. 잘 볼게요."

송 과장은 병실을 둘러보며 묻는다.

"식사는 먹을 만해?"

"사내식당이랑 메뉴는 비슷해요. 근데 간이 약해서 맛이 좀 심심하네요."

"여기서 지내는 건 어때?"

"답답하긴 한데요. 하아, 진짜 답답한 건 수술비예요. 너무 많이 나왔어요. 보험으로 되는 것도 있는데 안 되는 것도 있더라고요."

"얼마 나왔는데?

"지금까지 3천만 원이라네요."

"3천?"

"네……."

"병원비 부족하면 어떻게 할 거야?"

"차 팔려고요. 제 분신 같은 차를 내놨어요, 이미."

"속상하겠다……."

"차를 팔아도 얼마나 받을 수 있을지는 정확히 모르겠어요. 좀 타던 거라……."

"그럼 퇴원하면 이사를 해. 더 싼 곳으로. 이자가 그렇게 많이 나오는데 어떻게 살아?"

"힘들게 구한 집이고 와이프가 너무 좋아해서……."

"병원비도 없다면서? 퇴원하고도 치료받으려면 병원비가 계속 들 텐데 어떻게 감당하려고?"

"그러네요. 생각해봐야겠네요. 아, 주스 좀 드실래요? 오렌지, 망고, 사과 주스 있어요."

"오렌지."

정 대리는 뚜껑에 붙은 비닐을 손톱으로 깐다. 비닐에 절취선이 없었으면 도저히 못 열었을 것 같다. 뼹 소리가 나면서 열린다.

"정 대리, 출근을 못하면 병가를 내야 할 텐데 그럼 월급이 100퍼센트 다 안 들어올 거야."
"뭐, 어떻게든 되겠죠. 돈이 부족하면 그때 가서 방법이 생기지 않겠습니까?"
"내가 정말 걱정이 되어 그러는데 정 대리가 좋은 차 타고 쇼핑하고 그런 게 잘못됐다는 게 아니라…… 음……."
"욜로처럼 사는 거요?"
"어, 욜로…… 나도 욜로 라이프를 좋아하지만 욜로가 반드시 돈을 많이 써야 욜로인지는 모르겠어. 한 번 생각해봐."
"돈을 써야 욜로 라이프를 살 수 있지 않겠습니까?"
"본인 통장을 다 털어가면서 쓰는 게 과연 욜로일까……?"
"제 친구들도 다 이 정도 쓰는데 저만 안 그럴 수는 없잖습니까? 사실…… 욜로 때문에 돈을 쓰는 것도 있긴 한데…… 저는 그냥 남들한테 꿀리기 싫거든요. 어릴 때부터 그런 게 싫었어요. 다른 사람 부러워하는 것도 싫고."

"무슨 얘기야?"

7

정 대리는 울산에서 중학교 때까지 살았다.

아버지가 서울로 발령이 나자 온 가족이 서울로 이사를 왔고, 정 대리는 의도치 않게 강남 8학군에 배정이 되었다. 전국에서 평균소득 수준이 꽤 높다는 울산에서 나름 중산층으로 살았다. 그런데 이사를 오고 나서 적지 않은 문화적 충격을 느꼈다. 당시 티비에서도 보기 힘들던, 바닥에 납작하게 붙어가는 슈퍼카가 동네를 흔하게 돌아다녔다.

나중에 알게 된 사실이지만 반 친구들은 정치인, 외교관, 변호사, 의사, 기업가 자녀들이 절반 이상이었고, 나머지는 고위공무원, 대기업, 고소득 자영업자들의 자녀들이었다. 울산에서는 공부 잘하는 아이가 반을 리드하고, 반장을 하고, 교우관계의 중심에 있었지만 여기서는 아니었다.

8학군임에도 불구하고 공부에 관심 없는 아이들이 의외로 많았다.

고1 입학식 때 보니 대부분 노스페이스를 입고 있었다. 나도 노스페이스를 입고 싶었지만 금세 날이 따뜻해져 무난히 지나갔다.
반에서 유일하게 타지에서 왔고 사투리를 썼지만, 무시하거나 텃새를 부리는 친구들은 없었다.
학교에 적응을 하고 친한 친구들도 생겼다. 처음에는 친구들의 부모님이 무슨 일을 하는지 몰랐다. 대충 부잣집인 것은 알고 있었지만 누구도 딱히 티를 내거나 하지는 않았다.

다시 겨울이 다가오자 나는 엄마에게 노스페이스를 사달라고 졸랐다. 친구들에게 패딩 때문에 무시당하기 싫었다. 무시하는 사람은 없었지만 열등감이 생겼다.

"엄마, 나도 노스페이스."
"뭐? 그게 뭔데."
"노스페이스 잠바."
"니 잠바 몇 개 있잖아."

"여기 애들은 겨울에 다 그거 입는다."

"그냥 아무거나 입어라."

"그거 안 입으면 친구들이 안 껴준다. 진짜다."

"어디서 파는 건데?"

"백화점."

"백화점? 비싼 기가?"

"나야 모르지. 한 번 가봐야지."

어머니는 한숨을 쉰다.

"그래…… 함 가보자."

"엄마, 여기서 백화점 갈 때는 좀 차려 입어야 하는 거 알
제?"

"와? 누가 볼까 그러나."

"아니, 백화점은 좀 그렇다 아이가."

그렇게 어머니와 백화점을 갔다. 노스페이스 매장에 도착
했다.

"엄마, 이거."

"그냥 까만색이네. 이게 뭐 이쁘다고."

"이 로고가 중요하다."

"다 로고값이네, 이거."

직원이 다가와서 친절하게 권유했다.
"한 번 입어보시겠어요?"
패딩을 입고 거울 앞에 섰다. 가볍고 따뜻했다. 처음 옷을
입었을 때 그 따스함이 아직도 기억난다. 흰색 로고가 눈
에 딱 들어왔다.

"어떻노, 엄마?"
"머 잠바가 그기서 그기지."
"억수로 따시다, 엄마. 와 쥑이네."
"얼만데?"

종업원이 말했다.
"50만 원입니다."
"예에? 50만 원이요?"
"네."
"와, 비싸네예."
"엄마, 다 이 정도 한다. 요즘은 브랜드 없는 것도 20~30만
원은 한다."

"니가 50만 원 벌어봐라. 50만 원이 작은 돈인 줄 아나?"

"엄마가 이거 사주면 나 이번 겨울엔 이것만 입을 끼다."

"알았다. 공부나 열심히 해라."

"사랑합니더, 엄마."

"치아라, 징그럽다."

8

본격적으로 겨울이 오고 기온은 영하로 내려갔다.

반 친구들이 한두 명씩 패딩을 교복 위에 걸치고 오기 시작했다. 드디어 필살기 노스페이스 패딩을 꺼내 입을 순간이 왔다. 입고 북극에 가도 될 만큼 따뜻한 노스페이스. 무려 50만 원짜리. 가방을 매다가 혹시 잘못 걸려서 실밥이 터질까 조심스럽게 가방을 맸다.

등교길에 가장 친한 친구가 앞에 가는 것이 보였다. 체크무늬 패딩을 입고 있었다. 처음 보는 패딩이었다.

"오늘 춥제. 어? 이거 처음 보는 패딩인데. 새로 샀나?"

"이거? 엄마가 사왔어."

"뭔데?"

"버버리."

"버버리? 버버리에서도 패딩이 나오나?"

"어. 근데 난 별로. 엄마가 좋아해서 사온 거야."

"그, 그래? 얼만데?"

"글쎄, 한 200만 원 정도 할걸?"

"…… 억수로 좋아 보이네. 체크무늬도 막 있고."

그 겨울, 그 친구는 버버리를 자주 입고 다녔다. 그래서 우리는 그를 '버버리맨'이라고 불렀다. 버버리 특유의 체크무늬가 너무나 멋있어 보였다. 버버리라는 것을 알기 전에는 그냥 촌스러운 체크 패딩으로 보였는데. 이젠 아무 무늬 없는 검정 노스페이스 패딩이 초라해 보였다. 겨울교복 필살기로 준비한 노스페이스가 싫어졌다.

교문에 도착하니 때마침 검은색 대형 세단이 미끄러지듯 멈춰 섰다. 운전석에서 정장을 입고 흰색 장갑을 낀 아저씨가 내리더니 뒷좌석 문을 열었다. 친한 친구 중 한 명이 내린다.

"어? 점마 뭐꼬. 지가 문 못 여나."

"기사 아저씨겠지 뭐."

"기사?"

"우리 아빠도 기사 아저씨가 운전해줘."

버버리맨이 아무렇지 않은 듯 나긋나긋하게 설명했다. 말문이 막혔다.

교실에 들어서니 친구들 무리가 모인다. 입학식 때만 해도 대부분 노스페이스를 입고 있었는데⋯⋯ 이젠 노스페이스 입는 애들 수가 확 줄었다. 1년 사이에 노스페이스는 평균도 아닌, 평균 이하 포지션으로 내려갔다.

수업이 끝나고 집으로 돌아왔다.

"엄마 이거 환불하고 버버리 사줘"라고는 차마 말 못하겠다. 집에 있던 중학생 여동생이 방에 들어와서 말한다.

"이거 노스페이스 아이가?"

"맞다."

"뭔데, 왜 니만 이런 거 사는데?"

"니도 사달라 캐라. 왜 나한테 그라노?"

"난 이딴 거 필요웂따. 왜 비싼 거 사달라 카노. 엄마, 아빠 힘들게 일하는데.”

“내 맘이다. 신경 쓰지 마라.”

“생각 좀 하면서 살아라. 으이그.”

“나가라, 쫌.”

“근데 왜 바닥에 내팽겨치노. 이 비싼 거를.”

“친구들은 버버리……. 아 됐다. 신경 끄라.”

“안 입을 거면 나 주든가.”

“알따, 알따. 알았으니까 나가 빨리.”

“좀 씻으라. 방에서 홀애비 냄새 난다. 히히히.”

“꺼지라!”

문을 잠그고 침대에 누웠다.

200만 원 짜리 패딩…… 고급 대형 세단…… 운전기사…….

달랐다. 같은 공간에서 수업을 듣고, 같이 점심을 먹고, 같
은 운동장에서 뛰어놀았지만 친구들은 다른 세상의 사람
들이었다.

부유한 집에서 태어나 부유한 친구들과 어울리며 부유한
환경에서 자라온 그들.

나는 뭐지? 친구인가? 같이 어울리고 있는 게 맞나?

그들은 나와 다른, 더 높은 세상에 있었다. 닿을 수 없었다. 달을 잡으러 아무리 달려가도 좁혀지지 않는 그런 거리 같은 것이 존재했다.

9

인서울 대학에 진학했다.

저 높은 세상에 있는 친구들에게 지지 않기 위해서라도 꼭 인서울을 해야 했다. 대학을 가니 고등학교 때는 느끼지 못한 계급 차이를 더욱 실감했다. 1학년 끝내고 유학을 가는 친구, 어학연수를 가는 친구, 휴학을 하고 해외여행을 다니는 친구, 대학 다니면서 아버지 회사에서 일을 배우는 친구. 대학 가서도 자주 만나자고 했던 친구들은 모두 각자의 세계로 뿔뿔이 흩어졌다.

그렇게 몇 년이 흐르고 군대를 제대하고 취업할 때 즈음, 인스타와 페이스북을 하기 시작하면서 친구들의 근황을 알게 됐다. 온라인에서의 격차는 현실에서의 격차보다 훨씬 더 벌어져 있었다.

자동차 잡지에서나 보던 고급 스포츠카가 친구들의 인스타에 올려져 있었다. 그냥 산책하는 사진인데도 배경이 달랐다. 고등학교 시절 가장 절친이던 버버리맨은 최근에 어마어마한 규모의 자산을 증여받았다는 소식이 들렸다. 왠지 모를 자격지심에 나도 잘 살고 있다는 걸 보여주고 싶었다.

친구들끼리 가끔 모이는 날에는 머리끝부터 발끝까지 최선을 다해 덧바르고 나갔다. 친구들은 대충 걸친 것 같았지만 모두 명품이었다. 나 역시 가장 좋은 것을 걸치고 가서 그런지 별반 차이는 없어 보이지만 사실 큰 차이가 있었다. 태생적부터 부유했던 친구들에게는 자연스러움이란 것이 있었다.
나에게는 그 자연스러움이 없다. 나는 부자연스러움을 없애고 싶었지만 아무리 애를 써도 없어지지 않는다. 여전히 늘 뭔가 어색하다.

친구들이 해준 소개팅에서 만난 여자들 역시 다들 대단한 집의 자녀들이었다. 수준을 맞춰야겠단 생각에 카드를 거침없이 긁었다. 더 좋은 곳, 더 비싼 곳을 찾아다녔다. 하지만 결과는 매번 좋지 않았다. 그렇게 투자하고 노력했지만 제대로 연애까지 이어진 상대는 없었고, 결국 결혼은 평범한 집안의 여자와 했다.

10

병실에 어머니와 동생이 문을 열고 들어온다.

"엄마 왔나. 여기는 같은 부서의 송 과장님. 여기는 제 어머니랑 동생입니다."

사투리와 서울말을 같이 쓰려니 어색하다.

"안녕하세요, 어머님. 정 대리와 같은 팀에서 일하는 송 과장입니다."

"아이고, 송 과장님. 말씀 많이 들었습니다. 제가 좀 일찍 왔나 보네요. 말씀 더 나누다 가세요."

어머니가 다시 나가려고 하자 송 과장이 바로 일어나서 말한다.

"아닙니다. 얘기 많이 했습니다. 이제 가보려고요. 갈게. 정 대리. 완쾌하고 회사에서 보자."

"네. 송 과장님. 와주셔서 감사해요. 조심히 가세요."

여동생이 말한다.
"누구고?"
"같은 팀, 송 과장님."
"괜안네. 소개시켜도."
"참, 니는 이게 문제다. 머 쫌만 괜찮으면 소개시켜달라 카고. 유부남이다, 유부남."
"아, 요새 쫌 괜찮다 싶은 남자들은 죄다 유부남이고."
"괜찮으니까 빨리 결혼했겠지. 니 거울을 봐라. 누가 데꼬가겠나?"
"확 한 대 쥐어박을라. 니 꼬라지나 챙기라. 이상한 거 타다 자빠져뿌고, 빙신같이."
"병문안 와서 그게 할 소리가."
"혹시나 해서 하는 말인데 니 결혼했다는 거 잊지 마라. 괜히 간호사들한테 추근대믄 내가 확 뿌러뜨리뿐다."
"이상한 소리하지 마라. 뭘 뿌러뜨려?"
"니 그거. 쪼매난 거."
"이게 도랐나. 니 내랑 낙동강 함 갈래. 확 밀어뿔라."
"프하하하, 갑자기 낙동강 타령이고. 괜안은 남자 소개시켜줄 거 아니믄 주둥이 닥치라."

정짱이 핑크색의 잇몸을 드러내며 방정맞게 웃는다.

어머니가 말한다.

"그만들 해라. 니들은 만나기만 하믄 그라노."

"저 가시나 구구단 못 외워서 질질 짤 때 콧물 닦아줬는
데, 마이 큿다."

정짱이 말한다.

"니 그거 아나? 내 친구 중에 쫌 산다고 얼마 전에 영국서
대학 졸업하고 왔다는 아."

"알지."

"가가 니랑 소개팅한 여자들 중 한 명이었던 거 니 알고
있었나?"

"뭐라고? 말이 되나 그게?"

"나도 첨엔 안 믿었다. 가가 소개팅했던 남자 얘기 하는데
쫌 이상해서 계속 물어봤다 아이가. 니랑 같은 점이 너무
많아서 차도 그렇고 회사도 그렇고 사는 곳도 나이도 같
고. 근데 그게 니드라. 세상 쫍제? 파하하하하."

224

늘 느끼는 거지만 정짱은 참 품위 없이 웃는다.

"진짜가? 와…… 무섭네. 우째 니 친구랑……. 그래서 뭐라
하대?"

"허세 쩐다던대."

"뭐?"

"완전 허세 부리고 돈지랄하고 그랬다매?"

"소개팅 하는데 그 정도는 쓰는 거 아이가."

"소개팅 하고 몇 번 만나면서도 계속 그랬다매. 돈으로 처
바르고."

"뭘 돈으로 처발러. 그냥 가 수준에 맞는 곳 데리고 간
거지."

"자기는 그렇게 돈 막 쓰고 그러는 사람 싫타드라."

"참나 도도한 척, 있는 척은 다 하드만. 맛있다고 다 먹어
놓고 돈 쓰는 게 뭐라꼬? 어이가 없네."

"맛있으니까 맛있게 먹지, 그럼 안 묵나? 내 말은 그게 아
니고 니 돈 쓰는 버릇 좀 고치라. 누가 니 인스타 보면 재
벌인 줄 알겠드라."

"그래 보이나? 그럼 됐다."

정 대리는 좋아서 웃음을 터뜨릴 뻔한다. 재벌처럼 보인다
니 성공이다.

"정신 좀 차리라. 니 언제 정신 차릴래?"

"나는 내가 알아서 하니까 걱정 마라."

"니 그러다가 진짜 후회할 끼다. 근데 언니는 카페 차린다는 거 우예 돼가노?"

"저래 누워 있는데 뭐 하긋나?"

"그동안 뭐 한 거 읍나?"

"딱히 없는 거 같다."

"언니나 니나 씀씀이 좀 조절해라. 진심 걱정돼서 하는 말이다."

"됐다."

정 대리는 정짱이 자신을 공격하는 건지 생각해주는 건지 모르겠다. 어릴 때부터 자신이 무슨 잘못만 하면 엄마한테 일렀다. 화가 나서 되받아치려고 할 때쯤이면 당근을 하나 내밀었다. 밀고 당기기의 고수다.

얘랑 결혼하는 남자는 평생 고생할 것이다. 그런데 동생이 남자친구를 만난다고 생각하면 괜히 열 받는다. 무슨 감정인지 모르겠다.

카드 정지는 처음이라

1

정 대리의 다리는 거의 다 나았다.

지긋지긋한 병원에서 퇴원한다. 오랜만에 출근한다. 정 대리는 LV 로고가 큼직하게 박힌 벨트를 찬다.

"안녕하십니까! 정 대리입니다. 하하하."

"오! 정 대리! 다 나은 거야?"

"거의 다 나았습니다."

"다행이에요."

"권 사원, 결혼식 못 가서 미안해."

"아…… 저 결혼 안 했어요."

"어?"

"나중에 말씀드릴게요."

"그, 그래."

결혼한 줄 알았던 권 사원은 안 했다고 한다. 무슨 일이
있었나 보다. 괜히 물어봤다고 후회한다.
어딘가 변해 있을 줄 알았던 회사는 똑같다. 혹시 없어진
건 아닌가 했던 정 대리 자리도 그대로 있다. 먼지만 뽀얗
게 쌓였을 뿐.
정 대리는 물티슈로 책상 먼지를 닦아내고 의자에 앉는다.
낯설 줄 알았는데 낯설지 않다. 다들 그대로다.

"정 대리, 권 사원, 차 한잔하자."
송 과장이 제안한다. 셋은 지하에 있는 공차에 간다.
아르바이트생이 말한다.
"빨대 꽂아드릴까요?"
"네!"
정 대리가 고개를 끄덕이며 단호하게 대답한다.

"정 대리가 없어서 심심했어."
"하하. 역시 제가 없으니까 그렇죠? 회사는 뭐 똑같습니까?"
"똑같아. 아, 김 부장님은 퇴직하셨어."

"공장에서 바로 나가신 겁니까?"

"어. 인사도 못드렸네."

"그러게요. 그런데 권 사원은 무슨 일 있었어?"

"네…… 결혼 한 달 앞두고 깼어요."

"헛…… 그랬구나."

"저는 연애하다가 저절로 결혼하는 줄 알았는데 그게 아니더라고요. 그 사람이랑 평생 산다고 생각하니까 도저히 안 되겠더라고요."

"그렇지. 연애랑은 다르지……."

"그런데 정 대리, 차 팔았다면서 뭐 타고 다녀?"

"지하철요. 회사는 예전에도 지하철 타고 다녀서 괜찮은데 주말에 어디 갈 때는 좀 불편하네요. 신혼부부가 차가 없다는 게……."

"이사는 생각해봤어?"

"지금 집 위치도 너무 좋고 가전제품이랑 가구도 다 세팅했고 이사하기도 귀찮고요."

"음…… 그래. 본인이 그렇다면 뭐."

"하하. 너무 걱정 마세요. 어떻게든 되겠죠."

권 사원이 뭔가 생각이 난 듯 말을 꺼낸다

"송 과장님, 지난번에 숙제 내주신 거 있잖아요. 집 어디 살지 정하는 거요."

"아, 그거 기억하고 있었네."

"다시 해보려고요. 그때 세 군데 정해보라고 하셨죠?"

"살고 싶은 지역 세 곳을 정한 후에 직접 가봐. 그러면 가장 마음에 드는 곳이 있을 거야. 그리고 그 동네를 돌아다니면서 아파트들도 보고."

"네, 해볼게요. 이제 누구 신경 안 써도 돼서 너무 편해요."

"그래, 도와줄게. 이런, 시간이 벌써 이렇게 됐네. 사무실 올라가보자."

2

정 대리의 퇴근길이다.

가전제품 할부금과 대출 이자는 계속 나가고 있다. 병원비 정산도 아직 끝나지 않았다. 월급은 통장에 인증샷만 찍고 사라진다.

병원에 있는 동안 쇼핑을 제대로 못했다. 근질근질하다. 그래서인지 요즘 마음에 드는 솔리드옴므 코트가 자꾸 눈에 들어온다. 자기 전에도 눈앞에 아른거린다. 어느 패션계 유명인사가 올린 인터넷 후기를 보니 완전 멋지다. 어느 바지나 신발에도 잘 어울린다.

드레스룸에 무슨 코트가 있는지 떠올려본다. 코트가 꽤 많기는 하다. 하지만 이 코트와 비슷한 느낌의 코트는 없다. 옆 트임이 특이하고 길이감이 기존의 코트보다는 약간 더 길다. 이번 시즌이 지나면 영원히 놓치게 된다.

와이프는 입원해 있고, 집에 가봤자 아무도 없다. 심심하다. 코트도 볼 겸 백화점에 들렀다 가기로 한다. 백화점은 언제나 기분을 좋게 해주는 묘미가 있다. 스스로가 고급스러운 사람이라는 느낌이 든다.

정문을 통과해 에스컬레이터를 타고 올라간다. 목적지에 바로 가면 재미가 없다. 다른 매장들을 훑어본다. 요즘은 디자인이 상향평준화 되어서 그런지 비슷비슷하다. 정장 코너의 직원들이 "보고 가세요", "세일 중입니다"라고 나지

막하게 말한다.

매장들을 쭉 둘러보며 목적지인 솔리드옴므에 도착한다.
찜해둔 코트가 마네킹에 걸려 있다. 역시 자신의 안목은
의심할 여지가 없다. 마네킹에 걸려 있다는 것은 직원들도
인정한다는 뜻이다.

"저거 입어볼게요."
직원이 사이즈에 맞추어 코트를 꺼낸다. 드디어 입어본다.
보는 것과 입는 것은 완전히 다르다. 직원이 코트를 펼쳐들
고 정 대리 뒤에 선다. 팔을 한 쪽씩 집어 넣는다. 코트가
몸을 타고 흘러내리는 것 같다. 단추를 채우니 타이트하지
도 헐렁하지도 않게 몸을 감싼다.
아, 이건 나를 위해 만들어진 코트다.

가격표를 본다. 120만 원이다. 차를 팔았으니 보험값도 안
나가고, 기름값도 안 나간다. 와이프도 병원에서 세 끼를
다 먹고 있다. 가전제품 할부도 끝나간다. 차도 못 타고 다
니는데 옷이라도 좋은 거 입어야 하지 않나? 대기업 직원
이 이런 거 하나 못 사 입는 건 말이 안 된다. 정 대리는 결

심한다. 인생 한 번 살지 두 번 사는 거 아니다.

직원이 말한다.
"아주 딱 맞네요. 이 코트 보기에는 얇지만 패딩보다 따뜻합니다. 안감이 누빔으로 되어 있어요."
"그래요? 세일합니까?"
안 하는 줄 알고 있지만 혹시나 해서 물어본다.
"저희는 노세일 브랜드입니다."
"계산해주세요. 할부는 12개월이요."
"네, 고객님."
"이거 입고 갈게요. 입고 온 건 쇼핑백에 넣어주세요."
구매한 옷을 바로 입고 나온다. 날개를 단 기분이다. 옷이 날개라는 말을 이럴 때 쓰는 건가 싶다.

정 대리는 에스컬레이터를 타고 내려가다가 구두가 진열된 층에 들른다. 사려고 온 게 아니다. 그냥 보러 온 거다. 더 정확하게 말하면 요즘 트렌드와 유행을 보러 온 거다.

쭉 둘러보다 보니 구두도 아닌 것이 운동화도 아닌 것이 눈에 띈다. 출근할 때 신어도 되고, 주말에 야외 갈 때 신어도 좋을 거 같은 오묘하게 생긴 녀석이다. 편해 보인다.
갑자기 지금 신고 있는 구두가 불편하게 느껴진다.

직원이 다가온다. 설득당하지 않을 자신이 있다. 그냥 보러
만 왔기 때문이다.
"고객님, 이번에 새로 나온 신제품입니다. 회사 다니시는
분들이 많이 찾는 모델이에요."
회사원인 걸 어떻게 알았지? 정 대리는 속으로 놀란다.

"이태리 밀라노에서 만들어진 제품인데 운동화보다 더 편
합니다. 안감까지 전부 가죽이고요. 외피는 파티나 공법으
로 염색해서 아주 고급스럽습니다. 한 번 신어보시겠어요?
사이즈가 어떻게 되세요?"
"270이요."
"네, 잠시만요."
자신도 모르게 사이즈를 말해버린다. 신어보기만 하는 거
다. 그냥 보러만 왔기 때문이다.

종업원이 구두 박스를 들고 뛰어온다.
"여기 앉으시겠어요?"

종업원은 한쪽 무릎을 땅에 대고 앉아 구두를 신겨준다.
자세가 됐다.

"어떠세요 고객님? 한 번 걸어보시겠어요?"
"왼쪽도 신어볼게요."

왼발, 오른발 양쪽 다 신고 걸어본다. 이태리에서 장인들
이 한 땀 한 땀 만든 구두라는데 지금 신은 구두와 착용
감은 딱히 다르지 않은 거 같다. 그런데 디자인이 마음에
든다. 출근할 때도 신고, 주말에도 신을 수 있는 디자인이
다. 무엇보다 직원의 자세가 아주 마음에 든다. 안 사면 미
안할 것 같다.

"어떠세요, 고객님?
직원이 초롱초롱한 눈빛으로 쳐다보며 묻는다.
"네, 이걸로 할게요."
"네, 고객님. 35만 원에서 20퍼센트 세일해서 28만 원입니
다. 신고 가시겠어요?"
"네, 신고 갈게요."
"너무 잘 어울리십니다. 코트도 너무 멋있으세요."

역시 패션업에 종사하는 사람들은 보는 눈이 다르다. 그렇
게 구두까지 사 신는다.

에스컬레이터가 미끄러지듯 내려간다.

3

지하 식품관에 들른다.

세 개에 만 원, 다섯 개에 만 원 하는 마감 세일을 하고 있
다. 요즘 집에 혼자 있다 보니 먹는 것이 부실하다. 유부초
밥세트와 빵 2만 원어치를 산다.

백화점 밖으로 나간다. 차가운 바람이 코트 밑으로 들어
와 배까지 스며든다.

춥다. 따뜻하다고 믿고 싶다.

어둑어둑한 집에 불을 켠다. 신발을 벗는다. 쇼핑백을 내
려놓는다. 티비를 켠다. 소파 앞에 앉는다. 테이블 위에 사
온 음식들을 늘어놓는다. 유부초밥과 빵을 먹는다. 꾸역꾸
역 입안에 꽉 차도록 밀어 넣는다. 플라스틱 용기를 쓰레

기통에 버린다. 귀찮은 설거지를 하지 않아도 되니 편하다.

배경음악처럼 텔레비전 소리가 흘러나온다. 그래도 집 안이 너무 조용하게 느껴진다. 현관에 있는 새 신발과 소파 위에 있는 새 코트를 본다. 분명히 한 시간 전에 샀는데 오래전부터 있던 것 같다. 전에는 쇼핑을 하면 여운이 며칠은 갔었는데 요즘은 몇 시간도 안 간다. 그래도 쇼핑할 때만큼은 행복했다.

뉴스가 나온다. 아나운서가 또박또박 말한다.
"요즘 중국인들이 이탈리아에 공장을 차리고 이탈리아산으로 둔갑시켜 가방, 옷, 신발 등 고가의 제품을 판매하는 경우가 늘어나고 있습니다. 밀라노에만 500여 개가 넘는 중국인 공장이 있고, 해당 업종 종사 중국인만 3만 명이 됩니다. 이탈리아 정부 측에서는……."
채널을 돌린다.

4

정 대리는 며칠 뒤 우편함을 확인한다.

은행에서 온 편지다. 혹시 VIP 고객으로 업그레이드해주는 건가. 드디어 일반 창구가 아닌 우수 고객 창구에서 대접받아보는 건가. 설레는 마음으로 봉투를 뜯는다.

이게 뭐야.

신용카드 연체에 대한 경고장이다. 5일 뒤에 모든 신용카드가 정지된다고 한다.

헉!

비싼 연회비 내면서 메탈 카드도 만들었고, 월급통장으로도 쓰고 있고, 대출 이자도 잘 내고 있는데 이게 무슨 소리지? 잘못 보냈나?

다시 한 번 집주소와 이름을 확인한다. 모든 게 정확하게 일치한다.

숨이 가빠진다. 네이버에 신한은행을 검색하고 통화버튼을 누른다. 고객센터로 연결된다. 음악이 나온다. 상담사도 누군가의 가족이니 언어폭력은 하지 말아달라고 한다. 상담 품질을 위해 녹음된다고 한다. 정 대리는 당연하다고 생각한다. 자신처럼 젠틀하고 매너 있는 사람은 욕설 따위는 하지 않는다.

"안녕하십니까, 고객님. 상담사입니다."
"네, 제가 신용카드 연체 우편을 받았는데요. 뭐가 잘못된 거 같아서요."
"네, 고객님, 본인 확인을 위해 몇 가지 질문드리겠습니다."
정 대리는 개인정보 질문에 답을 한다.

"네, 확인되셨습니다. 고객님 신용카드 사용액이 통장 잔액을 넘어서 현재 마이너스 상태입니다."
"마이너스라고요? 제 월급이 350만 원인데 그걸 넘었다는 말입니까?"
"네. 대출 이자와 할부금액 합치면 350만 원이 넘습니다. 자세한 사용 내역은 신한은행 어플리케이션을 통해서 확인하시면 됩니다."
"입금 안 되면 5일 뒤에 신용카드 정지 되는 거 맞습니까?"
"네, 맞습니다. 고객님."
"그걸 이제 알려주면 어떡해요! 그리고 왜 5일 뒤입니까?

너무 기간이 짧은 거 아니에요? 저는 뭐 먹고 삽니까?"

"자세한 내용은 카드 약관에 설명되어 있습니다."

"야! 그 많은 걸 언제 다 읽냐고! 카드 끊기만 해봐! 가만 안 둔다!"

정 대리는 전화를 끊는다. 가슴이 들썩거리도록 빠르게 숨을 쉰다.

젠틀하고 매너 있는 내가 이번에도 소리를 질렀다.

내가 얼마나 썼다고 통장에 돈이 없다는 거지?

대출 이자 100만 원, 가전 할부금 200만 원. 핸드폰 통신비 10만 원, 아파트 관리비 20만 원, 교통비 10만 원, 코트 값 할부 10만 원 하면 50만 원. 이렇게만 해도 350만 원이네.

여기에 식비, 병원비까지 계산하면…… 400이 훌쩍 넘는다.

아…… 미쳐버리겠다.

딩동.

누군가 벨을 누른다. 문 앞에 택배 박스가 하나 놓여 있다.

벨 소리 듣자마자 문을 열었는데 택배 기사는 보이지 않는다. 벌써 엘리베이터는 내려갔다.

뭔가 싶어 박스를 열려는 참에 병원에 있는 와이프에게서
카톡이 온다.
'오빠, 내가 주문한 거 있는데 병원 올 때 가지고 와줘.'

궁금하다. 박스를 열어본다. 비닐 안에 곱게 포장되어 있
는 것은 패딩이다. 왼쪽 팔에 흰색 로고가 붙어 있는 몽클
레어다. 이거 최소 200은 할 텐데.

와이프는 일도 안하면서 돈이 어디서 나는지 모르겠다.
병원에 갇혀 있다 보면 근질근질하겠지.

아, 나 5일 뒤면 카드 정지…… 어떻게 하지?
와이프 카드 써야 하나.
저 코트 환불할까.
아니지. 저 은은한 색감에 내 가슴과 허리를 완벽하게 감
싸는 코트는 처음인데 환불할 수는 없다.
이걸 와이프한테 말을 해야 하나 말아야 하나.

병원에 도착했다.

와이프 옆에 장모님이 있다. 정 대리는 장모님에게 인사를
한다.

"안녕하세요, 장모님."

"정 서방, 와서 앉아."

"오빠, 코트 예쁘네? 샀어?"

"어, 어제. 괜찮지?"

"예뻐. 내 택배 가지고 왔지?"

"가지고 왔지."

"이거 정말 사고 싶은 거였어. 엄마, 고마워. 이거 너무 예
쁘지? 빨리 퇴원해서 입고 다니고 싶다."

퇴원 기념으로 장모님이 사주신 모양이다. 그건 그렇고,
하아…… 카드 끊긴다는 것을 말해야 하는데 장모님이 옆
에 계신다. 장모님이 자신을 얼마나 한심하게 생각하실까.
장모님 가시면 말해야겠다.

"정 서방, 저녁 먹었어?"

"네, 먹었습니다."

"그럼 밑에서 뭐 좀 먹고 올 테니 여기 좀 있게."

"네, 장모님."

장모님이 나가셨다. 지금이다. 지금 말해야 한다.

"자기야, 나 카드 5일 뒤에 정지다."

"뭐?"

"신용카드 연체라는데."

"왜?"

"통장에 잔고가 없대. 완전 어이없지."

"어떡해, 그럼?"

"뭐 대출을 더 받든지…… 몰라, 무슨 방법이 있겠지."

와이프는 고개를 끄덕인다. 정말로 나에게 무슨 수가 있
을 거라고 믿는 눈치다.

"근데 언제 퇴원인데?"

"다음 주면 나갈 거 같은데?"

"그래, 퇴원하면 맛있는 거 많이 먹으러 다니자."

"카드 연체라면서? 나도 돈 없는데. 나 요즘 엄마 없으
면 쇼핑도 못해."

"그렇지······."

"우리 어떡해?"

"차도 팔았고······ 뭐 더 팔 게 있나?"

"마이너스 통장 같은 거 만들면 안 돼?"

"그래, 나도 그 생각이다. 장모님께는 비밀로 해줘."

"그럼 당연하지. 내 패딩 다시 가지고 가. 그냥 보고 싶어서 갖고 오라고 한 거야."

"어, 갈게."

가슴이 답답하다.

차가 있을 때는 노래 크게 틀고 속도를 내면서 달리면 스트레스가 풀렸다. 지금은 지하철을 타고 간다.

그립다. 나의 비엠떱.

파국

1

오늘은 팀 회의가 있는 날이다.

최 부장이 말한다.

"다들 아시겠지만 중요한 프로젝트가 하나 생겼습니다. 입찰 건인데 서류 준비할 것도 많고, 연락할 관련자도 많고, 인증도 미리 받아야 합니다. 상당히 까다로운 일입니다. 이번 건은 성공하면 올해 농사 다 지은 거라고 보셔도 됩니다."

최 부장과 동기인 만년 과장 박 과장이 하품을 한다. 최 부장은 신경 쓰지 않는다.

"이번 프로젝트는 권 사원이 진행해주세요."

"네? 제가요?"

"네. 권 사원이 잘해낼 거라 생각해서 그렇게 결정했습니다.

이 프로젝트 하는 동안은 기존 업무는 팀원들에게 분산시
킬 예정입니다. 그 부분은 걱정하지 마시고요."

"네, 부장님."

"권 사원이 필요한 자료 요청하면 송 과장하고 정 대리가
적극적으로 도와주세요."

"네, 알겠습니다."

"네."

권 사원은 중요한 업무를 맡게 되어 기쁘다. 부담스럽기도
하지만 기쁜 마음이 더 크다. 그동안 결혼 문제로 다소 소
홀했던 회사 일에 집중하고 싶다. 게임중독자, 마마보이,
현실도피자에게 썼던 에너지를 온전히 일에 쏟을 것이다.

요즘 출근길마다 곤욕이다. 지하철에서 내리면 빵 냄새가
역사 내에 가득하다. 지하철 역에 있던 빵가게 주인이 바
뀌었다. 메뉴도 요즘 유행하는 빵인 데다 가격도 파격적으
로 싸다. 일부러 출근시간에 빵을 구워서 역 내에 빵 냄새
를 퍼뜨리는 것 같다.

빵을 먹으면 살이 찌는 것을 알지만 냄새에 자연스럽게 끌
려간다. 아예 쳐다보지를 말아야지 생각하면서도 어느새

발걸음은 빵 가게로 향하고 있다.

오늘도 본능에 충실하다. 비싼 앙버터가 여기에서는 2,500원
이다. 거의 절반 가격이다. 아저씨가 치즈볼이 새로 나왔
다고 한다. 시식용 가위로 조금 잘라주더니 먹어보라 한
다. 못 이기는 척 먹어본다. 치즈와 버터 향이 혀에서 시작
해서 코, 대뇌, 소뇌, 중추신경, 말초신경까지 쫘악 퍼진다.
치즈와 버터의 조합은 사기다. 맛이 없을 수가 없다. 그래
도 살찔 수 있으니 하나만 사야 한다.

고민하다가 원래 사려고 했던 앙버터만 산다. 다 먹고 살
자고 하는 것이다. 회사 커피머신에서 갓 뽑은 커피와 먹
으면 아침식사로 딱이다. 이때가 온갖 고민거리를 잊을 수
있는 유일한 시간이다.

권 사원은 커피와 빵을 책상 위에 올려둔다. 컴퓨터 전원
버튼을 누른다. 컴퓨터에 불이 들어오는 순간 두뇌의 전원
도 같이 켜지는 느낌이다.
새로 시작한 프로젝트를 준비하느라 하루 종일 정신이 없
다. 업무시간 중간중간에 공차도 마시러 가고 수다도 떨고

했는데, 지금은 한눈팔 새가 없다. 정말 열심히 하고 있다.

시간이 금방 간다. 시간이 금방 간다는 것은 오랫동안 집중했다는 것을 의미한다. 신입 때 가지고 있던 불타는 열정이 다시 샘솟는다. 이것저것 할 일이 많다보니 뒤죽박죽 얽힌다. 서류야 경쟁사들도 다 준비할 것이고, 최종적으로 나와야 할 전략이 가장 중요한데 쉽사리 떠오르지 않는다.

빵집도 빵 냄새를 퍼뜨리는 확고한 영업전략이 있다. 대기업에는 왜 이런 영업전략이 없을까. 빵을 물끄러미 바라보다가 한 입 먹는다. 역시나 먹어본 그 맛이다. 냄새는 나의 오감을 자극했지만 막상 먹으면 알던 그 맛이다.

마케팅이나 영업도 마찬가지다. 우선 시선을 끌고 주목을 받아야 한다. 고객들이 쳐다보지도 않는다면 그걸로 끝이다. 속이 부실하더라도 일단은 고객을 끌고 와야 한다. 그렇다고 속을 부실하게 할 내가 아니다.

생각을 많이 했더니 배가 고프다. 우선 빵부터 먹고 시작하자. 이 빵을 먹으면서 디테일한 전략을 생각해보자.

빵을 먹다 보니 송 과장의 숙제가 생각이 난다. 업무 시작하기 전에 물어봐야겠다.

2

맞은편 송 과장에게 말을 건다.

"송 과장님, 내주신 아파트 숙제 다했어요."

"하하하. 그래, 한 번 보여줘."

"말씀하신 대로 처음에 세 개 지역으로 좁혔고요. 그리고 고민하다가 한 개 지역을 정했어요."

"그곳으로 정한 기준은 뭐야?"

"지금 회사와 멀지 않고, 언덕이 별로 없었어요. 다른 곳은 직접 가보니까 오르막이 꽤 있더라고요. 네이버 지도에서 본 거리뷰랑 실제가 너무 다르더라고요."

"맞아. 그래서 부동산 좀 한다는 사람들이 임장, 임장 하는 거야. 그쪽 부동산중개소는 들어가봤어?"

"네. 몇 군데 가봤는데 전부 말이 달랐어요. 시세도 조금씩 다르고요. 어디는 매물이 있다고 하고, 어디는 없다고 하고. 어떤 곳은 제가 뭘 물어보면 듣는 둥 마는 둥 하고,

어떤 곳은 굉장히 친절하고 상세하게 알려주고. 어떤 곳은
아파트뿐만 아니라 주변 동네와 어떻게 연결되는지 전체
적으로 알려주는 분도 계셨어요."

권 사원은 며칠 전에 부동산 공인중개소 몇 군데를 찾아
가봤다. 문을 열기가 무서웠지만, 일단 열지 않으면 아무
것도 안 된다는 생각에 용기를 냈다.

첫 번째 부동산 문을 열었다. 누군가 상담을 받고 있다. 벽
에는 큰 동네 지도가 붙어 있다. 손님이 와도 신경도 안 쓴
다. 권 사원은 바로 나가서 옆 부동산으로 간다.

두 번째 부동산이다. 아저씨가 신문을 보고 있다.
"안녕하세요. 집 좀 보러 왔는데요."
"커피 한 잔 드릴까요?"
"네."
믹스커피를 종이컵에 붓고 정수기에서 뜨거운 물을 부어
준다.

그런데 이상하다. 아파트에 대해 이것저것 물어보는데, 제

대로 대답은 하지 않고 자꾸 엉뚱한 말만 한다. 갑자기 정치 얘기를 한다. 나라가 어쩌고 저쩌고, 세상이 어쩌고 저쩌고. 이 나라의 미래는 없고, 젊은 사람들이 불쌍하다고 열변을 토한다.

졸지에 나는 불쌍한 사람이 됐다.

주제가 바뀌어 인생사가 시작된다. 자기가 예전에는 기업에서 잘나갔다고 한다. 갑자기 IMF가 와서 잘렸다고 한다. 부동산도 할 일이 없어서 하는 거지 돈이 없어서 하는 건 아니라고 한다. 일 안해도 충분히 먹고 살 수 있다고 한다. 믹스커피만 세 잔을 마셨다.

그렇게 여러 중개소를 돌아다녀보니 처음보다는 덜 두려워졌다. 그리고 자신이 원하는 내용을 설명해주는 공인중개사도 찾을 수 있었다.

"하하. 진짜 많이 둘러봤나 보네. 그중에 제일 마음에 드는 곳 찜해놨어? 부동산도 사람과 사람이 거래하는 거라서 결국 사람이 가장 중요해."
"네, 마음에 드는 곳이 있었어요."

"그랬구나. 그래서 봐둔 아파트가 어디야?"

"지도 보시면…… 여기요."

네이버 지도를 검지와 중지로 확대해서 보여준다.

"하하하. 와, 진짜 신기해! 여기 김 부장님 아파트잖아."

"네에?"

"세상 좁다. 하필 고른 아파트가 김 부장님 댁이라니, 하하."

"몰랐어요."

"그건 그렇고. 왜 이 아파트인지 설명해줄래?"

"일단 회사랑 가깝고요. 주변에 새로 지은 아파트들이 많은데 거기를 봤더니 진짜 비싼 거예요. 분양가 대비 거의 2배는 오른 것 같더라고요. 근데 이 아파트는 연식이 있기는 하지만 위치는 비슷하고 그래서 상대적으로 저렴하게 느껴졌어요."

"거기는 재건축 아니고 리모델링으로 가는 건 알고 있어?"

"부동산 사장님이 리모델링 뭐라고 하시긴 했어요. 근데 무슨 말인지 잘 몰라서……."

"잠깐만, 이참에 김 부장님하고 통화나 한 번 해보자."

"여보세요?"

"안녕하세요, 김 부장님. 오랜만에 연락드립니다."

"어, 송 과장. 어쩐 일이야, 잘 지냈어?"

"네, 어떻게 지내세요?"

"어, 뭐 그냥 잘 살고 있지."

"궁금한 게 있어서 연락드렸는데요. 부장님 아직 그 아파트 살고 계시죠?"

"어, 아직 살지."

"혹시 리모델링 사업 조합 결성되었나요?"

"아내 말로는 조만간 할 것 같다고 하던데……."

"네, 알겠습니다. 조합이 언제 설립되나 궁금해서요. 부장님 혹시 회사 소식 궁금하시면 언제든지 연락 주세요."

"어, 그래. 송 과장도 잘 지내고."

"네, 부장님. 감사합니다."

전화를 끊는다.

"오랜만에 김 부장님 목소리 들으니 좋다. 그 아파트 조합 설립 앞두고 있다고 하시네."

"그게 좋은 거예요?"

"주민들이 움직인다는 뜻이거든. 재건축이나 리모델링이나 한 사람이 아무리 열심히 추진해도 다른 세대주들이

관심 없으면 진행이 안 돼. 아마 주변에 새 아파트들 들어
선 거 보면 하고 싶은 마음이 들 거야."

"네, 부동산에서 말한 게 그 내용이었네요."

"매물은 있대?"

"네, 많지는 않은데 있긴 있대요."

"그래, 최근 실거래도 확인해보고. 남향이냐 동향이냐, 판
상형이냐 타워형이냐 이런 거에도 차이가 있으니까 단지
내에서도 잘 비교해봐."

"그럼 이 아파트 잘 고른 거예요?"

"괜찮다고 보는데? 조합설립 통과되면 한 단계 점프할걸?"

"가격이요?"

"응. 매수한 다음에 동의서 날아오면 무조건 동의한다고
해. 조합장이 똑똑한 사람이면 좋겠다. 설마 김 부장님이
조합장 하시는 건 아니겠지?"

"그러게요. 우선 사야겠네요."

"팔려는 사람들이 매물 내놓고 안 파는 경우도 많으니까
바로 확인해봐."

"네, 오늘 퇴근하고 부동산 바로 가보려고요. 송 과장님이
괜찮다고 하시니 뿌듯하네요. 하하."

"그래, 좋은 결과 있기를 바랄게. 인생에서 가장 큰돈 쓰는 거니까 떨릴 거야. 서류 잘 확인하고. 그냥 지른다고 생각해. 첫 계약은 다 그래."
"네, 송 과장님. 감사합니다!"

3

권 사원은 칼퇴를 한다.

찍어둔 아파트에 간다. 김 부장님이 사는 아파트라니……
마주치지나 않았으면 좋겠다. 간판이 멀끔한 부동산에 들어간다. 여자 사장님이 상냥하게 마주한다. 인상이 좋다. 느낌이 좋다.

"여기 아파트 보러 왔는데요."
"네, 어서 오세요. 앉으세요."
"요즘 분위기는 어떤가요?"
"매물이 많이 없어요."
"네……."
"몇 평 찾으세요?"

"20평대요. 아, 제가 당장 들어가 살 건 아니고요."

"전세 끼고 사두시게요?"

"네."

"그럼, 전세금 좀 높게 잡힌 곳으로 찾아봐드릴게요. 몇 년 전만 해도 매물이 많았는데 요즘은 싹 들어갔어요. 이거 두 개 있네요."

"로얄동인가요?

"하나는 고층인데 제일 구석에 있고요. 하나는 저층인데 지하철역이랑 가까워요. 전세가나 매매가는 같고요."

권 사원은 잘 모르겠다. 솔직하게 물어보기로 한다.

"사장님이 사신다면 어떤 걸 사시겠어요?"

"음…… 저는 지하철역이랑 가까운 곳을 사겠어요."

"네…… 아, 그 전에 여기 리모델링 한다고 들었는데, 미래 가치는 어떻게 보세요?"

"주변이 전부 개발되고 남은 데가 여기뿐이거든요. 미래가 치야 충분히 있죠. 저도 여기 살아요."

"아 네……."

"집 한 번 보시겠어요?"

"네."

4

사장님과 집을 보러 간다.

"살다 보면 저층이 더 편해요. 고층이야 전망이 좋아서 사람들이 선호한다고 하지만 어차피 아파트 뷰는 다 비슷비슷해요."

23평짜리 집이다. 방 두 개에 부엌과 거실, 화장실 한 개, 베란다가 있다. 나중에 혼자 살아도, 혹은 결혼해서 살아도 좋은 크기다. 부동산 사장님이 여러 가지 설명을 해준다.

난장판인 집을 헤치고 이리저리 둘러본다. 장난감들이 흩어져 있고, 찢어진 책들이 나뒹군다. 거실에는 매트가 깔려 있고 한쪽 구석에는 미끄럼틀도 있다. 벽은 색연필로 그은 듯한 낙서 투성이다. 싱크대에는 그릇들이 수북히 쌓여 있다. 식탁 위에는 아이들이 먹다 남긴 음식과 숟가락이 널부러져 있다.
쩍, 발에 무언가 밟힌다. 아이들이 흘린 과자 조각이다.

전쟁터가 따로 없다. 아이들 어머니는 집 정리를 못해서 죄송하다고 한다. 사는 모습 그대로 보여주는데 죄송할 필요는 없다.

집 안의 모든 것들이 아이들 중심으로 갖춰져 있구나. 언젠가 자신도 이렇게 살아야 한다고 생각하니 잠시 아득해진다. 할 수 있을까? 해야만 할까?

"집 잘 봤습니다."

다시 부동산 사무실로 향한다. 결정을 해야 할 차례다. 엄마한테 전화하면 분명히 하지 말라고 하겠지. 이렇게 큰돈을 쓰는데 혼자 결정을 해야 한다. 압박감이 크게 다가온다.

잠시 고민하다가 송 과장에게 전화를 한다.

"과장님, 통화 괜찮으세요? 지금 부동산에 왔는데 뭐 좀 여쭤보고 싶어서요."

"그래, 물어봐."

"마침 20평대 전세 긴 집이 있어서 보고 왔는데, 진짜 해도 괜찮을까 싶어서요."

"집은 괜찮았어?"

"네, 계약금 걸까 말까 고민 중이에요."

"바로 계약하는 게 좋겠네."

"정말 해도 될까요?"

"응, 괜찮을 테니까 계약해."

"네, 알겠습니다. 감사합니다!"

그렇게 부동산 첫 계약을 한다. 대출을 이용한 계약. 29살, 서른이 되기 전 울타리 밖의 첫 업적을 치른다.

오를 수도 있고 떨어질 수도 있다. 확률은 반반이다. 무조건 오른다는 믿음도 없다. 무조건 떨어진다는 걱정도 없다. 언젠가 들어가서 산다는 목적이 있다. 떨어지는 화폐 가치를 방어한다는 목적도 있다. 이 두 가지 이유만으로도 충분하다.

권 사원은 다짐한다. 나는 부모님처럼 밀리고 밀려 삐라가 집 앞에 떨어져 있고, 대남방송이 들리고, 멧돼지가 출몰하는 곳에서는 살지 않을 것이다.

5

오늘은 대전 출장이 있는 날이다.

권 사원은 송 과장, 정 대리와 같이 KTX를 예약한다. 특실이 만실이다. 출장 가는 사람들이 많다는 뜻이다. 다들 법인 카드로 결제한다.

KTX에 탄다. 한동안 SRT만 타다가 KTX를 타니 약간 구식 같은 느낌이 있다. 새것이 좋긴 좋다. 송 과장과 정 대리가 나란히 앉고 권 사원은 한 칸 건너 옆 자리에 앉는다.

출장 가는 사람들로 꽉 찬다. 다들 어디로 가는 걸까. 다들 어느 회사에 다니는 사람들일까. KTX는 출장 가는 회사원 매출이 대부분일 것이다. 별거 아니지만 이런 것도 회사 다니면서 알게 된 사실이다. 아니, 추측이다.

정 대리와 송 과장이 대화를 나눈다.
"송 과장님, 저 팔로워 보세요."
정 대리는 또 인스타 자랑을 한다.
"이거 정 대리야?"

264

"네, 저예요."

"오…… 누가 보면 연예인인 줄 알겠는데. 이거 다 정 대리 거야?"

"제가 산 것도 있고 친구 것도 있고요. 근데 저는 아무것도 아닙니다. 이 사람 보세요. 장난 아니죠? 사진이 전부 호텔에, 슈퍼카에, 명품 옷에 너무 부러워요."

"이게 부러워? 내가 보기에는 정 대리나 이 사람이나 비슷해 보이는데?"

"아니에요. 이 사람 사진 잘 보시면 집도 엄청 좋아요. 나도 이런 집 살아야 하는데……. 이 사람은 다른 사람인데요. 몸도 좋고 스타일도 진짜 좋아요. 여자친구도 예쁘고요. 보세요."

"정 대리 와이프도 예쁘잖아."

"제 와이프 예쁜 거 아시네요. 하하, 감사합니다. 이 사람도 한 번 보세요. 대박이지요. 와……."

"정 대리가 아는 사람이야?

"네, 제 고등학교 친구요. 별명이 버버리맨이에요. 고등학생 때 버버리를 많이 입었거든요."

"정 대리하고 비슷하네, 뭘."

"아니에요. 이 친구하고 저하고는 비교가 안 돼요."

"정 대리, 어릴 때 부모님이 남들하고 비교하면 어땠어?"

"진짜 싫었죠. 그건 왜요?"

"남들과 비교당하는거 싫어했으면서 왜 지금은 본인을 다른 사람과 비교해?"

"그건······."

"내가 보기엔 정 대리가 부족한 게 하나도 없어."

정 대리와 송 과장의 대화를 들으며 권 사원은 생각한다.
권 사원도 한때는 인스타와 페이스북을 열심히 했다.
다른 사람의 SNS를 보면 부럽다. 대리만족을 하기도 한다.
계속 보다 보면 어느덧 아는 사람이 된다. 나만 아는 사람.

그들은 나를 모른다. 현실에서 본 적 없는 이런 사람이 실제로 존재하는지 의문이 들 때도 있다. 태어날 때부터 잘난 사람들이니 나보다 잘나가도 아무런 감정이 없다.

그런데 전부터 알던 친구들이 잘나가는 모습을 보면 가끔 자괴감이 든다.

나는 그대로인데 친구들은 앞서가는 듯 보이니 나는 상대적으로 불행해 보인다.

그들의 행복은 곧 나의 불행이다.

그들은 저렇게 행복해 보이는데 나는 왜 행복하지 않을까.

그들은 저렇게 친구들이 많은데 나는 왜 친구가 없을까.

그들은 저렇게 몸매가 좋은데 나는 왜 축 쳐진 살들뿐일까.

그들은 저렇게 다 성공했는데 나는 왜 그저 뚜벅이 회사원일까.

그저 상대적일 뿐인데 기분이 좋지 않다.

이런 감정이 어느 때부터인가 힘들어져 권 사원은 SNS 보는 것을 접었다.

드르렁 퓨우우우우우.

저 앞에서 누군가 코를 곤다. 송 과장은 코 고는 아저씨를 손가락으로 톡톡 깨운다. 코 골던 아저씨가 흠칫 놀라더니 다시 잠든다.

6

송 과장과 정 대리의 대화는 계속된다.

"현재를 즐기는 걸 부정하는 게 아니야. 나도 즐기면서 사는데 뭐. 소득에 맞는 소비를 하면서 사느냐가 중요하지."

"가전제품 할부 끝나면 괜찮아질 거예요."

"할부 끝나고 나서 뭐 살 건 아니지?"

"음…… 저축? 아니면, 뭐 할까요?"

"내가 봤을 때 정 대리는 차 살 것 같아."

"헉! 도사네요. 안 그래도 요즘 차 보고 있어요."

"정 대리, 신용불량자 신세 벗어난 지 얼마나 됐다고 그래. 물론 정 대리가 알아서 잘하겠지만 진짜 걱정이다."

기차가 터널을 지난다. 귀가 먹먹해진다.

정 대리는 여전히 인스타를 보고 있다.

"이것 좀 보세요. 이 집 진짜 좋아 보이죠? 한강뷰가 대박이에요."

"여기, 트리마제 아니야?"

"제 목표예요. 트리마제 살면서 페라리 타는 거요."

"그럼 여기를 어떻게 살지 계획은 세워봤어?"

"아니요. 그냥…… 부러워만 하고 있는 거죠."

"부러운 거야, 괴로운 거야?"

"너무 부럽다 보니, 제가 못난이 같아요."

"그래서 못난이 같아서 못난이처럼 안 보이려고 하는 거고."

"네에……."

"그런 괴로운 마음 때문에 조금이라도 남에게 과시하면서
덜 괴로우려고 소비하는 거고."

"네……."

"그러다 보니 돈은 못 모으고, 트리마제는 멀어져만 가고?"

"네. 그래도 비트코인에 희망을 걸고 있어요."

"정 대리는 페라리 타면 행복할 거 같아?"

"네, 엄청 행복할 거 같아요."

"그게 과연 행복일까 쾌락일까."

"……."

"인스타에 멋진 사진 올리고 나면 행복해?"

"행복은 잘 모르겠고, 기분이 좋아요."

"그게 쾌락이야."

"음, 그런가요?"

"쾌락이 나쁘다는 게 아니라 현재의 쾌락 때문에 정 대리

의 목표인 트리마제와 페라리 콤보세트가 멀어지고 있다
는 걸 말해주고 싶어서. 나 같으면 어떻게 돈 벌어서 그 환
상적인 콤보세트를 사 먹을지 고민하겠어."

"아…… 네……."

"요즘에 카푸어니 욜로니 하면서 돈 막 쓰고 자랑하는 사람
들 보면 마치 궁지에 몰린 생쥐가 허우적거리는 것 같아."

정 대리가 당황한 표정을 짓는다.

"그래도 인생은 한 번뿐이잖아요. 화끈하게 살아야죠."

"인생은 한 번뿐이라고? 잘 들어, 정 대리. 죽는 순간이 단
한 번뿐이지 우리 인생은 매일매일이야."

송 과장이 말을 이어간다.

"가장 예쁜 인테리어가 뭔 줄 알아?"

"우드 앤 화이트? 아니면 대리석 아닙니까?"

"아니, 아무것도 없는 거야. 인테리어 업체가 올린 사진들
보면 다 예뻐 보이지. 물론 디자인을 잘 한 것도 있겠지만
아무것도 없기 때문에 그런 거야. 아무리 고급 자재로 인
테리어 해봤자 물건들이 가득 들어 있으면 그 인테리어가
보일까? 가려서 아무것도 안 보이지."

"그렇죠."

"내 말은, 행복을 물건이나 물질적인 것으로 채우는 데에서 찾지 말라는 거야. 그런 건 아무리 채워봐야 계속 부족해."

두 사람의 대화를 듣던 권 사원은 생각한다.
어른스러운 송 과장을 닮고 싶다. 나는 아직도 모르는 게 많은데.
헤어진 그 자식과 너무 비교가 된다.
이런 사람이랑 같이 사는 사람은 행복하려나?
행복하겠지.
아! 내가 무슨 생각을 하는 거지?

"이따가 오는 길에 성심당 빵 하나씩 사와야지. 정 대리, 권 사원, 빵 좋아해?"
"네, 좋아하죠."
"여기 기차역에 성심당이라는 빵집이 있는데 맛있어. 집에다가 쟁여놓고 먹으려고. 아내도 빵순이거든. 본점은 역에서 좀 걸어가면 있는데 시간 되면 거기로 가자."

7

출장이 끝나고 기차에서 내린다.

정 대리는 송 과장, 권 사원과 서울역에서 헤어진다. 한 손에 성심당 빵 봉지를 들고 집으로 간다. 현관 앞에 택배 박스들이 있다. 많이도 샀다. 입원해 있는 와이프가 주문한 물건들이다. 오늘은 와이프가 퇴원하는 날이다. 본인 퇴원 선물인 것 같다.

옷을 벗고 스타일러에 넣는다. 샤워를 하고 다이슨 드라이어로 머리를 말린 후 밀린 설거지를 한다.
달그락달그락.
식기세척기가 있다는 것을 깜빡했다. 설거지를 중단하고 식기세척기로 그릇을 옮긴다. 편하다.

딩동.
벨이 울린다. 와이프가 왔나 보다. 출장이라 못 데리러 간다고 했는데 약간 삐져 있을 것 같다.

"오빠, 나야. 문 좀 열어줘. 짐이 많아서 문을 못 열겠어."

"어, 나간다."

"집 진짜 오랜만이다. 역시 집이 최고네."

"어? 장모님 오셨어요?"

"어, 정 서방."

장모님 표정이 좋지 않다.

와이프는 화장실로 들어간다. 장모님이 소파에 앉는다.

"장모님, 뭐 좀 드시겠어요?"

"아니, 괜찮아. 정 서방. 잠깐 얘기 좀 할까?"

"네."

"정 서방, 신용불량자 됐다며?"

"네?"

"카드 정지되고 그랬다며?"

"아, 네…… 그런데 지금은 풀렸습니다."

"아니, 얼마나 돈을 쓰기에 그런 거야?"

"아, 그게…… 집 들어올 때 쓴 돈인데요."

"우리 딸, 대기업 다니는 남자한테 시집 보냈더니 이게 뭐
야? 혹시 대기업 다니는 거 거짓말 아니야?"

"네?"

"대기업이면 최소 1억은 받아올 거 아니야. 1억이면 한 달

에 천만 원인데 그런데 돈이 부족하다는 게 말이 돼? 어디에다 돈을 쓰는 거야? 엉뚱한 데다 쓰고 있는 거 아니야?"

차까지 팔았는데…… 정 대리는 억울하다.
"1억 안 됩니다. 장모님……."
"아무튼 돈 관리 잘해. 정 서방이 돈 관리 못하겠으면 우리 딸한테 맡겨. 우리 애가 그런 거는 잘하니까."
"네……."
"엄마 간다. 네 남편 잘 챙겨."

장모님이 신발을 신고 나간다.
이 어이없는 상황은 뭐지. 정 대리는 화가 난다.
"아이, 엄마는 참……."
"이게 무슨 경우야? 내가 전세금하고 가전까지 다 했어. 그것 때문에 신용불량자가 된 건데 어떻게 저렇게 말씀하실 수가 있어?"
"미안해. 엄마가 오버했어."
"내가 카드 정지된 거 말하지 말라고 했잖아."
"가족인데 뭐 어때. 오빠가 이해 좀 해."
"하아, 진짜……."

"그리고 오빠. 나 카페 시작할 거야. 이미 다 알아봤어."

"카페? 무슨 카페? 돈이 어디서 났는데?"

"대출 받으려고. 엄마 돈 좀 빌리고. 인테리어랑 커피머신
이랑 이것저것 견적 받아보니까 생각보다 얼마 안 하더라
고. 병원에 있으면서 다 조사했어. 완전 재밌겠지? 나도 이
제 카페 사장이야!"

"어디서 할 건데?"

"오빠 회사랑 멀지 않은 곳인데 마라탕 집이 망해서 거기
서 하는 거야. 위치 좋아."

나보다 더 대책 없는 사람이 바로 옆에 있다는 것을 이제
야 알았다. 남편과 상의도 없이 카페 오픈이라니.

8

인테리어가 끝나고 카페를 오픈한다.

회사 끝나고 가보니 의외로 사람들이 많다. 아무것도 못할
줄 알았는데 뚝딱뚝딱 잘하고 있다. 학교 다닐 때 커피숍
알바를 했다고 들었다. 그게 도움이 되긴 되나 보다.

두 달이 지났다. 카페는 여전히 잘된다. 망할 줄 알았던 카
페가 예상과 달리 성업 중이다. 인스타에서도 꽤 많이 보
인다. 나름 동네에서 인정받은 카페다. 평일은 동네 아주
머니들이 애들 유치원이나 학교 보내고 모이는 아지트다.
주말에는 젊은 연인들이 온다.

회사 그만두고 셔터맨을 할지 고민한다.
남자들의 꿈인 셔터맨. 어쩌면 나도 할 수 있을 것 같다.

와이프는 카페 홍보를 직접 한다. 조각케이크와 마카롱은
외부 업체에서 사온다. 하지만 직접 만든 것처럼 착각하게
끔 사진을 올린다. 직접 만들었다고 하지는 않았으니 사기
는 아니다.
명품백을 들고 명품 액세서리를 걸치고 커피를 마시는 사
진을 올린다. 이 카페는 고급스러운 곳이라는 메시지를 전
달하기 위해서이다.

와이프는 카페 매출을 알려주지 않는다. 나도 장모님 사건
이후로 와이프에게 공개하기가 싫어졌다.

9

가전제품 할부가 끝났다.

정 대리는 200만 원의 여유가 생긴다. 이제 숨통이 좀 트인다. 이제 본격적으로 자동차를 알아볼 시간이다.

"우리 비엠떱 5시리즈 어때? 지난 번 3시리즈는 좀 작았지?"

"아니, 그건 오빠가 타. 나는 내 차 따로 살 거야."

"차 두 대 사자고?"

"뭐, 어때. 각자 차 한 대씩 타는 거지. 나도 출퇴근할 때 써야 하고. 오빠도 가끔 차 쓰잖아."

도대체 얼마를 벌기에 차를 산다는 거지?
궁금해진다.

"카페 매출이 얼마나 되기에 차를 사?"

"왜? 나는 오빠 연봉 얼만지 안 물어보는데?"

"부부 사이에 그런 거 물어볼 수도 있지 않나? 자기가 장모님 용돈도 드리는 것 같던데."

"내가 우리 부모님 용돈 드리는 게 그게 왜 궁금해? 난 오
빠 얼마 버는지 하나도 안 궁금해. 오빠도 궁금해하지 마."

왜인지 모르게 신경이 날카로워 보인다. 마치 기다렸다는
듯한 말투다. 정 대리는 와이프의 립스틱이 더 진해 보인다
고 생각한다.

"무슨 말을 그따위로 하는데?"
"그따위? 각자 돈 버는데 그게 뭐! 같이 관리해서 서로 용
돈 받아가면서 살게? 난 그렇게는 못해."
"누가 그렇게 살자고 했나? 그냥 얼마 버는지 궁금하다고."
"나는 안 궁금하니까 물어보지 마. 그만해."

와이프의 얇고 길다란 눈썹이 꿈틀거리는 게 거슬린다.
눈, 코, 입 하나하나가 자세히 보인다.
우리는 부부인 건가, 그저 같이 사는 룸메이트인 건가.

"우리 부부 맞아? 너 지금 내가 돈 적게 번다고 그러는 거야?"
"내가 카페 여는 데 뭐 보태준 거 있어? 보태준 것도 없으
면서 난리야!"

"이 집이랑 여기 있는 거 내가 다 한 거야!"

와이프의 표정이 일그러졌다. 막말을 퍼붓는 저 빨간 입술이 거슬린다. 정 대리는 무슨 말을 해야 할지 판단력을 점점 상실해간다.

"그깟 전세금 가지고 진짜 생색낸다. 더럽다, 더러워."
"니 돈 좀 벌더니 미쳤나?"
"그래, 나 미쳤다. 나는 너처럼 대기업 다닌답시고 허세 부리고 속은 텅 비어 있지는 않아."
"야! 허세는 니가 더 부리지 내가 부리나?"
"나는 내가 버는 만큼 쓰는데, 왜? 월급 꼴랑 얼마 받지도 않는 사람이 외제차는 무슨…… 참나."

이 정도에서 멈춰야 할 것 같다. 해서는 안 될 마지막 말들이 나올 것만 같다.
그런데 이 말싸움에서 지기 싫다. 브레이크가 걸리지 않는다. 자존심이 있다.

"니 머리 다치더니 어떻게 됐나?"

"나 정상인데?"

"나보다 더 돈독 올라 있고 과시욕 쩌는 너를 몰라본 내 잘못이지."

"너야말로 허세 가득하면서 남 말 하지 마. 진짜 짜증나, 이 쇼핑 괴물아!"

"쇼핑 괴물? 어이가 없네. 이때까지 나 같은 괴물하고 어떻게 살았는데? 여기서 그만둘까?"

"뭐? 그만둬? 너 혹시 나 몰래 만나는 여자 있니?"

"여자? 진짜 어이가 없어서……."

"똑바로 말해. 갑자기 돈 가지고 왜 이러는지. 똑바로 말해!"

"야, 꼴도 보기 싫다. 니 생각하고 싶은 대로 해라."

"꼴도 보기 싫어? 그래, 알았어. 네가 원하는 대로 해줄게. 앞으로 나한테 연락할 생각도 하지 마."

갑자기 큰 싸움이 되어버렸다.

와이프는 캐리어에 짐을 대충 쑤셔넣고 있다.

애초에 사랑이라는 게 있었을까. 그저 먹고 마시고 돈 쓰는 이런 점이 닮아서 천생연분이라고 착각한 걸까. 내가 사랑이라고 생각한 건 뭐지.

쾅.

거칠게 현관문이 닫힌다.

진짜 나가버렸다.

쫓아가서 잡아야 하나.

끝인가? 설마 내가 이혼을……? 이혼이 이렇게 쉬운 건가?

여기서 더 싸우면 이혼할 수도 있겠는데?

흥분 상태에서 판단을 하려니 아무것도 결정할 수 없다.

그냥 닫힌 문만 멍하니 보고 있다.

10

정 대리는 맥이 빠져 힘없이 소파에 눕는다.

시선을 천장에 고정한다. 살짝 열어둔 창문으로 바람이

불어온다. 블라인드가 움직이며 탁탁 소리를 낸다.

뭐가 어디에서부터 잘못된 거지.

돈 문제인가. 성격 문제인가.

내 잘못인가. 내가 잘못한 게 뭐지.

시작점은 돈이다.

나보다 잘 버는 와이프에게 자격지심이 생겼나.

얼마 버는지 물어보지만 않았어도…….

돈, 돈…… 그놈의 돈.

정 대리는 비트코인 앱을 연다. 꽤 오른 비트코인을 다 팔고 다른 코인으로 갈아탔는데 반토막이 나 있다. 말 그대로 물렸다. 마지막 대박, 인생을 한 번에 뒤집을 꿈이 사라졌다. 어차피 없어도 그만인 돈이라고 억지로 자기 위로를 한다.

바닥에 앉아 소파에 등을 기댄다. 소파에 앉는 것보다 이 자세가 더 편하다.

와이프가 저 정도는 아니었다. 내 카드가 연체되고부터인지, 카페를 시작하고부터인지, 카페가 잘되고부터인지 잘 모르겠다. 카페 열 때 내가 한 푼도 안 보태줘서 그런 건지, 그것도 잘 모르겠다.

머리가 아프다.

차라리 아무 생각도 안 하는 게 낫다.

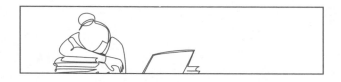

살다 보면 울고 싶을 때도 있지

1

권 사원은 프로젝트 준비가 끝났다.

서류는 모두 제출했다. 발표만 남았다. 세 개 업체가 최종 고객사 발표장에 모였다.

서류는 어차피 비슷비슷하다. 어떤 전략으로 고객사 담당 자들의 마음을 훔칠지가 관건이다. 비슷한 전략이라도 발 표자의 제스처, 목소리톤, 자신감에 의해 좌우된다.

차례가 다가오자 더 떨린다. 강력한 카리스마를 장착하고 발표하는 사람, 외국에서 살다 왔는지 유창한 영어를 섞어 가며 발표하는 사람 등 하나같이 유능해 보이는 사람들을 이겨낼 수 있을지 권 사원은 중압감이 든다.

최 부장이 속삭인다.

"권 사원, 저 사람들 신경 쓰지 마. 본인에게만 집중해."

무슨 말이지?

저들과 경쟁하는데 저들을 신경 쓰지 말라니…….

권 사원의 발표가 시작된다. 임원들 앞에서 발표할 때와 다른 느낌이다. 회사 사람들은 아군이지만, 나머지 사람들은 적군처럼 느껴진다. 입안이 바싹 마르고 목소리는 떨린다.

고객사 중 가장 높은 사람과 눈이 마주쳤다. 시선을 재빨리 다른 곳으로 돌린다. 어쩌다 눈이 마주친 전무님도 권 사원을 보고 있다.

권 사원은 발표에 집중해야 하는데, 자꾸 자신이 느끼는 이 무거운 감정에 집중하고 있다.

내가 지금 여기서 무엇을 하고 있는 거지?

말을 하고 있기는 한데 정신은 다른 곳에 가 있다.

마치…… 공부를 하긴 하는데 딴생각을 하면서 공부하는 느낌?

노래를 부르기는 하는데 딴생각을 하면서 부르는 느낌?

권 사원 스스로 행동과 생각이 완전히 분리되었다고 느낄
때쯤 발표는 끝이 났다.
급하게 인사를 하고 노트북을 접고 내려온다. 무슨 말을
했는지 기억이 안 난다. 준비한 대로 한 것 같긴 한데 모르
겠다. 결과는 다음 주에 나온다.

"권 사원, 수고했어."
"권 사원, 고생했어."
"권 사원, 잘했어."
다들 위로인지 칭찬인지 한마디씩 해준다.

송 과장이 권 사원에게 다가온다.
"권 사원, 오늘 정 대리랑 저녁 먹을 건데, 같이 갈래?"
"네, 좋아요."
"내가 살게. 권 사원 발표 끝난 기념, 정 대리 신용불량자
탈출 기념."

2

권 사원, 정 대리, 송 과장은 퇴근 후에 햄버거 가게로 간다.

송 과장은 더블패티버거, 권 사원은 베이컨치즈버거, 정 대리는 아보카도버거를 고른다. 저녁을 사기로 한 송 과장이 주문을 한다.

"더블패티버거, 베이컨치즈버거, 아보카도버거 세트 하나씩요. 프라이는 치즈프라이 하나, 고구마프라이 하나, 트러플프라이 하나 주세요."

"네, 전부 5만 8천 원입니다."

롯데리아에서 세트가 3,500원 하던 시절이 있었다. 그 시절을 기억하면 안 된다.

송 과장이 권 사원에게 물티슈를 건네며 말한다.

"권 사원, 오늘 잘했어. 잘될 거야."

"모르겠어요, 과장님. 사실 제가 무슨 말을 했는지도 기억이 안 나요."

"발표가 다 그렇지 뭐. 다른 회사들은 차장 부장급들이 하던데 우리만 사원이 했잖아. 그것부터가 신선하다고 생각해."

"네…… 잘돼야 할 텐데요. 안 되면 정말 회사에 민폐 아닌가요?"

"무슨 소리야? 되든 안 되든 크게 신경 쓰지 마. 나왔다, 먹자."

정 대리는 배가 고팠는지 햄버거부터 덥썩 집어들고 포장을 벗긴다.

"버거는 역시 손으로 잡고 먹는 게 진리지. 소스가 질질 흘러도. 흐흐흐."

"프라이는 일부러 세 개 다 다른 걸로 시켰으니까 나눠 먹자."

권 사원은 송 과장의 말에 "잘 먹을게요"라고 대답하며 고구마프라이를 하나 먹는다.

세 사람은 버거를 먹으며 오늘 있었던 뉴스, 회사 가십 등 여러 가지 얘기를 나눈다. 사이다, 콜라를 마시고 프라이도 이것저것 먹는다.

버거를 절반쯤 먹었을 때 정 대리의 핸드폰이 울린다.

손에 묻은 소스를 닦은 정 대리가 핸드폰 화면을 본다. 정짱이다.

"왜?"

"니 이번 명절 때 선물 뭐 할끼고?"

"부모님 선물?"

"어."

"스팸?"

"미쳤나? 부모님 명절 선물로 스팸이 말이 되나?"

"그럼 니는 뭐 생각하는데?"

"나는 과일 세트나 상품권 같은 거 드릴라 카는데."

"그래 니는 그거 드리라. 나는 내가 준비하께."

"돈 합쳐서 좋은 거 해드려도 되지 않나?"

"머 해드리고 싶은데? 빨리 말해라. 버거 식는다."

"두 분 어디 여행이나 보내드리자. 아니면 같이 가든가. 언니랑도 결혼하고 제대로 놀러간 적 없다 아이가."

정 대리는 권 사원과 송 과장을 힐끔 쳐다보더니 일어나서 화장실 쪽으로 향한다.

"같이는 못 간다."

"왜?"

"사실…… 엄마한테 말하지 마라. 따로 살고 있다."

"뭐라고? 왜?"

"뭐, 잘 안 맞는 것 같기도 하고…… 영 아이드라. 살아보
니 겁나 이기적이고 계산적이고."

"거봐. 내가 보자마자 별로라 했다 아이가. 니는 내 말 안
듣더니…… 으이그."

"야, 너는 언제까지 니니 할래? 오빠라고 좀 해라."

"오빠? 오글거리는 거 아나. 빨리 갈라서든지 아니면 미안
하다고 하든지 해라. 별거가 뭐꼬? 이혼이면 이혼이고 같
이 살면 같이 사는 거지."

"알았다. 내가 알아서 한다."

"그럼 부모님 여행 보내드리는 걸로 한다. 니도 함 골라봐
라, 어디가 좋은지. 그리고 반찬 필요하면 말해라. 내가 좀
갖다주께. 혼자 있다고 맨날 라면만 끓여 먹지 말고."

"알따. 끊는다."

3

권 사원은 전화를 받으러 자리를 뜨는 정 대리를 바라본다.

정 대리가 동생하고 통화할 때는 경상도 사투리가 더욱 강
해진다. 일상적인 대화인지 싸우는 건지 구분이 어렵다.

살다 보면 울고 싶을 때도 있지　　　　　　　　　　　291

감자튀김 찍어 먹을 케첩이 바닥을 보인다. 카운터로 가서 케첩과 머스터드를 받아온다.

권 사원은 감자튀김을 케첩과 머스터드를 한 번씩 번갈아 가면서 찍어 먹는다. 버거에 소스가 많은 경우는 아무것도 안 찍어 먹는다. 여러 가지 맛이 입에서 뒤섞이는 게 별로다.

생각해보니 이 버거집은 전 남자친구와 왔던 곳이다.

갑자기 그놈 생각이 난다. 잘 살고 있을까. 여전히 게임이나 하고 있겠지.

문득 물어보고 싶다.

"어차피 헤어졌지만 그래도 궁금한 게 있는데요. 제 경우도 그랬고, 제 친구 경우도 그렇고요. 결혼할 사람이 중요한 문제를 스스로 결정을 못하더라고요. 나이 서른을 넘어서도 부모님에게 계속 의지를 하고요. 왜 그런 걸까요? 이러면 결혼을 해도 문제 있는 거 아닌가요?"

"음, 진정한 의미에서 독립을 못한 거겠지. 나이만 성인일 뿐 정신적으로든 경제적으로든 부모님에게 여전히 매인 상태 아닐까. 아직도 일부 한국 부모님들은 자신이 희생하는 게 자식에 대한 사랑을 다 하는 거라고 생각하는 것 같아. 그렇게 자식을 키우면서 자녀를 인격체로 존중하기보다 소유한다고 생각하기도 하고. 독립을 못 시키는 거지. 물론 그렇지 않은 분들도 있지만."

"네……."

"그때 남자친구가 유튜브 부동산 폭락론자들한테 후원금을 보냈다고 했지?"

"네, 그것도 진짜 이해할 수가 없었어요. 학원에 매달 수강료 내듯이 냈대요."

"사실 폭락론을 믿고 싶어하는 사람들은 대부분 현실을 도피해서 그런 데서 위안을 받으려고 하는 거거든."

"네에……."

"남자친구가 집값이 떨어지면 산다고 했다면서? 집값이 떨어지는 건 자신이 어떻게 할 수 없는 부분이야. 그건 자신의 의지와 상관없이 그저 바라는 거잖아. 의지가 있는 사람이라면 '내가 돈을 벌어서 사겠다'라고 하겠지. 권 사원의 남자친구가 집값이 떨어지면 산다는 말은 그저 현실을 부정하고 피하는 거나 다름 없는 것처럼 들렸어. 왜냐하면 자신의 노력으로 떨어뜨릴 수는 없는 거거든. 물론 정말로 신중하게 때를 기다리는 사람들도 있겠지만 말이야."

"아……."

"변동성이 큰 주식이랑 다르게 거래비용이 많이 들고, 오르락내리락 하는 사이클이 긴 부동산은 싸다고 바로 사는 게 거의 불가능해. 떨어지면 산다는 말은 그냥 지금 당장 생각하지 않겠다는 말이나 다를 바 없어. 어떤 면에서는 게임을 하는 것도 현실도피야. 힘들 때 잠깐 잊으려고 술 마시는 사람들 있잖아. 레고도 만드는 동안에는 거기에만 집중할 수 있으니 좋지. 내가 보기에는 전 남자친구가 뭔가 불안하거나 피하고 싶은 욕구가 강했던 거 같아. 권 사원 말만 들으면 그래."

"맞아요. 약간의 갈등이나 마찰, 이런 걸 못 견뎌했어요. 그냥 무조건 피하자는 주의예요. 사소한 고민거리도 부모님과 상의하고요."

"그랬구나……."

분위기가 가라앉자 송 과장이 웃으면서 분위기를 바꾼다.

"음, 버거집에서 이런 얘기하는 사람은 우리밖에 없어. 맥주나 시킬까?"

전화를 받고 들어온 정 대리도 웃으면서 말을 얹는다.

"저도 오랜만에 마시고 싶어요! 다리도 이제 거의 다 나았는데, 괜찮을 거예요."

"그래, 그래. 여기 하이네켄 세 잔이요."

"선결제입니다."

"네, 여기요."

송 과장은 아르바이트생에게 카드를 내민다.

심각한 얘기 없이 기분 좋게 맥주를 마시며 떠든다. 어느새 발표 때 긴장감이 완전히 사라지는 느낌이다.

권 사원은 얼굴이 발갛다. 소주 여러 병에도 끄덕 없던 권 사원이 맥주 두 병에 취한다.

전 남자친구에 대한 몇 가지 의문이 해소되니 뭔가 개운하다.

권 사원은 처음으로 궁금해진다.

송 과장님은 나이 차이도 크게 안 나는데 뭔가 다르다. 생각도 많고, 부동산에 대해 아는 것도 많다. 투자도 일찍 시작한 것 같다. 어떻게 살아오신 거지? 뭔가 스토리가 있으신 거 같은데.

물음표가 머릿속에 떴다가 사라진다.

휘적휘적. 권 사원은 취기가 오른 상태로 지하철을 탄다. 이 시간대에 지하철을 타니 얼굴이 벌건 사람들이 많이 보인다.

4

며칠 뒤, 전무실 비서가 최 부장과 권 사원을 부른다.
"전무님 방으로 오라고 하십니다."
"네, 알겠습니다. 가자, 권 사원."
"네."

최 부장님과 나란히 전무실로 간다. 문을 연다. 전무님과 상무님이 얘기를 하고 있다.
"안녕하십니까."
"여기 앉아, 최 부장. 권 사원은 여기 앉고. 바로 말할게."
"네, 전무님."
"두 가지 전할 말이 있어. 첫 번째는 우리 프로젝트 떨어졌어. 점수를 보니까 2등이더라고. 그래도 2등이 어디야. 권 사원 수고했어. 두 번째는 최 부장 축하해. 이번에 이사 승진이야. 이게 축하해야 할 일인지는 모르겠는데 어쨌든 임원이 된 거니 축하해."

"감사합니다."

"다음 주쯤에 인사팀에서 공지 띄울 거야. 너무 놀라지 말라고 미리 말해두는 거야. 잘해보자고, 최 부장."

"네, 전무님."

"그리고 권 사원은 너무 속상해하지 마. 준비 열심히 한 거 알고 있어. 최 부장한테 충분히 설명 들었어."

"네, 전무님. 감사합니다."

"그래. 그만들 가봐."

"네."

전무님 방을 나온다.

"축하드려요, 부장님."

"고마워. 그것보다도 우리 프로젝트…… 권 사원이 진짜 열심히 한 건데. 내가 아쉽네."

"아니에요."

권 사원은 책상에 앉아 멍하니 모니터를 바라본다. 일이 손에 잡히지 않는다.

최선을 다했는데…… 진짜 잘해보고 싶었는데…… 실망시켜드리고 싶지 않았는데…….

울컥 눈물이 난다.
왜 눈물이 나지? 최선을 다했으면 된 건데, 왜?
열심히 했는데 잘 안 돼서?
모르겠다.
그냥 뜻대로 되는 게 하나도 없어 속상하다.
결혼도 제대로 안 되고, 회사 일도 제대로 못하고. 도대체 내가 잘하는 게 뭐지?
내가 뭘 잘못한 거지? 내가 뭐가 부족한 거지?
아, 맞다. 나는 늘 그래왔지.
남들 다 잘될 때 나만 안 됐지. 남들 다 할 줄 아는데 나만 못했지. 남들 다 행복할 때 나만 불행했지. 남들 기쁠 때 나만 슬펐지.
그래 잠깐 잊고 있었어. 나는 원래 이런 사람이었어.

눈물이 눈앞에 맺힌다. 눈앞의 키보드, 모니터, 마우스가 팔레트 위에 짜놓은 물감을 한 데 섞은 것 마냥 마구 엉켜 뿌옇게 보인다.

참자, 참자.

회사에서 울기는 싫다. 꼭 나의 억울함과 그동안의 노력을 알아달라는 것만 같아서 싫다. 울음을 참으려니 숨쉬기가 불편하다. 집에서 울 것이다. 남에게 내가 우는 모습을 보여주고 싶지 않다.

5

권 사원은 오늘도 지하철에 몸을 맡긴다.

지하철이 덜컹하면 사람들이 덜컹한다. 사람들이 덜컹하면 권 사원도 덜컹한다.

핸드폰만 보다가 오늘은 창밖을 본다. 지하철의 속도가 생각보다 빠르다. 풍경들이 기다려주지 않고 지나쳐간다. 저 멀리 보이는 나무가 지나가면 다른 나무가 다가온다.

지하철이 정차하고 문이 열린다. 권 사원이 내릴 역이 아니다. 매일 지나는 역들은 각자의 분위기가 있다. 어느 역이라고 굳이 확인하지 않아도 여기가 무슨 역인지 짐작할 수 있다.

어느 순간 내 인생도 지하철 노선처럼 정해진 길로 가는
게 아닌가 하는 생각이 든다. 정해진 역에서 정차하고, 정
해진 종점에서 운행을 중지한다.

저쪽에서 예수님 믿지 않으면 지옥 간다는 할아버지가 다
가온다. 이제는 별로 이상하게 보이지도 않는다. 저 할아
버지가 어느 날부터 안 보이면 걱정이 될 것 같다. 저 할아
버지도 나름의 사정이 있을 것이다.

회사에 도착한다. 사원증을 찍자 게이트가 열린다. 취업
준비 중인 친구들은 목에 걸고 다니는 이 하얀 플라스틱
사원증을 부러워한다.
권 사원도 한때는 부러워했었다.
나는 어디 소속이요, 나는 백수가 아니라는 인증표이기도
하니까.
요즘은 목에 걸린 사원증이 목줄처럼 느껴질 때가 있다.
스스로가 회사에서 돈을 받는 대신 청춘을 바치는 노예
처럼 생각될 때도 있다. 그래서 가끔은 숨이 막힌다.

권 사원은 사무실에 들어선다. 평소보다 분위기가 들떠 있다. 진급자 발표가 났다고 한다. 매년 12월 말이면 진급자 공지가 뜬다. 노트북 전원을 누른다. 다행히 업데이트는 없다. 바로 윈도우 창이 뜬다. 고양이 바탕화면이 보인다. 고양이는 강아지보다 귀여운 맛은 부족하지만 혼자서도 잘 살 것 같은 눈빛이 있다.

인사과에서 올린 진급자 명단을 클릭한다. 역시나 권 사원의 이름은 진급자 명단에 없다. 다시 한 번 처음부터 보기 위해 마우스 스크롤을 올린다. 스크롤을 빨리 내리느라 이름을 못 봤기를 희망한다. 다시 봐도 없다. 최 부장이 최고 고과인 S를 주었으나 김 부장에게 3년 연속 받았던 C가 발목을 잡는다.

옆 팀의 동기들은 모두 대리다. 다른 사업부와 공장에 있는 동기들도 마찬가지다.
누군가로부터 위로도 동정도 받기 싫다. 슬픈 표정, 실망한 표정도 짓기 싫다. 늘어진 어깨를 보이기도 싫다. 아무 일 없었다는 듯이 그렇게 지나치고 싶다.

갑자기 재수했던 친구들이 생각난다. 내가 원하는 대학에 붙었을 때 친구들은 재수를 했다. 그 기분을 이해하지 못했다. 대학의 낭만에 취해 있었다. 선배들이 주는 술에 취해 있었다.

오늘의 감정을 슬프거나 괴롭거나 아프다고 하기는 싫다. 최근에 읽은 자기계발서들이 실패를 실패로 받아들이지 말고 좋은 경험으로 삼으라고, 하도 강요해서 그런 것 같다. 그런데 어떡하지? 나는 억울한데. 정말 억울한데.
내가 일을 못해서 진급하지 못한 거라면 납득을 하겠다. 하지만 만년 과장의 진급을 도와주기 위해 내가 희생된 것은 합리적이지도 논리적이지도 않다.

내가 회사에 바라는 것은 뭘까.
대단한 게 아니다. 나를 뛰어난 사람으로 봐주기를 바라는 것도 아니다.
지극히 상식적인 절차와 공정한 평가를 바랄 뿐이다.
내가 회사나 다른 누군가에게 피해를 줬다면 그에 합당한 대가를 치르면 된다. 반대로 내가 남에게 피해를 주지 않았다면 나도 피해를 받고 싶지 않다.

이게 잘못된 생각인가. 내가 이기적인 건가. 회사생활을
모르는 건가.

사람이 하는 일이라 이럴 수도 저럴 수도 있다고 하지만,
꼭 그걸 누군가를 짓밟거나 불이익을 주면서 해야 하는
건가.

승진에 목숨 거냐고 말할지도 모른다.
다른 사람들은 다 참는데 왜 너는 못 참느냐고 말할지도
모른다.
다른 사원들은 아직도 복사하고 커피 타는데 너는 중요
업무라도 맡으니 배부른 소리하는 거 아니냐고 말할지 모
른다.

모르겠다. 머릿속이 복잡하다. 내가 이까짓 진급 누락을
가지고 크게 생각하는 것 같기도 하다.
이미 결정되어 뒤엎을 수도 없는 일에, 별로 뒤엎을 가치도
없는 일에 이토록 감정을 소모하고 있는 내 자신이 더 안
타깝다.

6

권 사원은 퇴근 후 집에 도착해서 핸드백을 한쪽에 던진다.

겉옷을 대충 벗어놓고 머리를 질끈 묶고 책상 앞에 앉는다. 한동안 손도 대지 않았던 컴퓨터 전원을 켠다. 사진이 들어 있는 폴더를 클릭한다. 결혼할 뻔했던 그 자식 사진이 보인다. 전부 휴지통으로 옮긴다.

회사 입사할 때 찍은 증명사진도 있다. 불과 몇 년 전인데 풋풋하다. 별로 변한 게 없는 것 같은데 사진 속의 나는 한참 어려 보인다.

그저 앞만 보고 전력질주 하던 그때. 초등학교 6년, 중학교 3년, 고등학교 3년, 대학교 4년, 총 16년 동안 만든 결실이 취업이라는 열매로 맺어지는 시기였다.

직장인이 되기 위해 수많은 중간고사, 기말고사, 실기평가, 수행평가, 방학숙제, 모의고사, 수능을 보고 학원을 다니고 과외를 했다. 갑자기 회의감이 든다.

솔직히 지금 내가 회사에서 하는 일은 고등학교만 졸업해도 충분히 할 수 있는 일이다. 회사일이라는 게 특정 연구개발직 말고는 일반적으로 약간의 센스와 눈치, 부지런함

만 있으면 누구나 할 수 있다. 언제든지 다른 사람과 대체 될 수 있다는 뜻이다. 교체될 수 있는 부속품이다.

그토록 원하던 직장인이라는 게 이런 것이었나.
방향보다 속도가 중요했던 나는 내가 어떤 삶을 살아왔는 지, 내가 어떤 삶을 살고 싶은지 고민할 시간도 없이 살아 왔다. 지하철 창밖으로 스쳐가는 풍경처럼 지나왔다.

옆 폴더를 클릭한다. 취업 준비할 때 썼던 자기소개서들이 있다. 회사 이름만 바꿔서 마구 뿌려댔었는데.
다시 옆 폴더를 클릭한다. 워드파일이 하나 있다. 파일 이 름이 '대학원'이다.
아, 내가 대학원 준비를 한 적이 있었지.
혹시나 취업을 못할 것에 대비해 대학원도 알아봤었다.

당시에 쓰다 만 자기소개서를 열어본다.
"한국에서 만든 제품은 실용적이지만 예쁘지 않습니다. 저는 가전제품이 더 이상 기능에만 충실해선 안 된다고 생각합니다. 애플이 세계적인 기업이 된 것에는 제품의 디 자인이……."

지금 보니 오글거린다. 하지만 맞는 말이다.

권 사원은 미술 전공은 아니지만 일상의 제품들을 디자인하고 싶었다. 좀 더 생각해보니 디자인을 하고 싶다기보다는 디자인이 반드시 필요하다고 느꼈던 것 같다. 재밌을 것 같았다.

그 당시만 해도 아이폰은 영혼이라고는 찾아볼 수 없는 갤럭시를 디자인적으로 완전히 압도했다. 우연히 본 뱅앤올룹슨의 스피커는 아름다운 인테리어 작품처럼 느껴질 정도로 멋졌다. 그래서 만일 대학원을 간다면 산업디자인과를 가려고 계획만 세우던 와중에 운 좋게 취직이 된 것이다.

지금 다니는 회사의 제품도 디자인에 있어서 아쉬움이 크다. 유럽이나 일본 브랜드를 보면 성능은 좀 떨어져도 구매욕을 자극하는 디자인이다. 그런데 왜 한국 제품은 예쁘지가 않을까. 눈에 보이지도 않는 미묘한 성능 향상을 고집할 시간에 차라리 쓰고 보는 사람이 기분 좋도록 예쁘게 만드는 게 더 효율적이지 않을까.

권 사원의 손은 이미 산업디자인 대학원 홈페이지를 뒤적

거리고 있다. 미대생들만 가는 건 아닌지 검색해본다. 포트
폴리오 같은 거창한 입학 절차가 있는지 살펴본다.
눈에 몇 가지 문구가 들어온다.

미대 아닌 타 학과 지원 가능.
포트폴리오 필요 없음.

머리가 빠르게 돌아간다. 키보드에 올린 손가락 움직임이
빨라진다. 예전에 쓰던 자기소개서에 글을 덧붙여 이어간
다. 회사 경험이 있을 때와 없을 때 쓰는 자기소개서는 다
르다.

무미건조하고 딱딱한 이메일만 써 버릇해서 글에 감정과
진심을 담아내기가 어렵다. 손이 좀 풀리고 나니 대학원에
진학해야만 하는 이유와 절실한 감정을 담을 수 있다.

권 사원은 무언가에 홀린 것마냥 써내려간다. 글을 마무
리 짓고 잘못된 곳은 없는지 살펴본 후 주저 없이 지원서
를 첨부한다. 제출. 클릭.
너무 급하게 하는 건가. 아니다. 기회는 언제 또 찾아올지

모른다.

이 다음은 합격하고 나서 생각하자.

7

두 달 뒤, 권 사원은 대학원 서류에 합격했고 면접까지 통과했다.
신기하게도 온갖 정성과 노력을 퍼부으면 결과가 별로다.
기대 없이 하면 결과가 좋다. 대학원에서도 대학교를 막
졸업한 사람보다 회사에서 경력을 쌓은 사람을 원하는 것
같은 눈치였다.

이제 결정의 시간만 남았다.

남을 것이냐, 나갈 것이냐.

'우리 회사를 위하여, 우리 사업부를 위하여, 우리 팀을
위하여' 회식 때마다 외친 '위하여'만 수백 번이다. 그렇게
회사를 위한다고 외치던 그때는 진심이었던가.

김 부장이 아직까지 팀장으로 있었다면 아무 고민 없이
바로 때려치웠을 것이다.

나의 노력과 성과를 인정해주고 모두에게 합리적인 최 이
사님, 친동생처럼 챙겨준 송 과장님, 이 두 분에게 가장 죄
송하다.

복지와 연봉과 약간의 명예까지 주는, 남들이 못 들어가
서 안달인 이 대기업을 포기하고 새로운 길을 찾아갈 것
인가.

대학원 졸업해봤자 어차피 또 직장에 취직해야 할 것이고,
그러면 지금과 같은 생활의 반복일 수도 있다. 하지만 지
금처럼 남이 시켜서 하는 일을 나이 오십, 육십이 될 때까
지 하기는 싫다. 언제든지 갈아치워질 수 있는 부품으로
살기는 싫다.

대학원 졸업 후를 상상해보면 재취업 시장이 눈앞에 그려
진다. 또 다시 부품이 된다 할지라도 원하는 것을 해보는
것과 안 해보는 것에는 차이가 있다. 인생의 가치관이자
신념, 그리고 자기 만족에 관한 것이다.

8

권 사원은 이사가 된 최 부장을 찾아간다.

이사실로 가는 길에 머릿속이 복잡하다.

지금이라도 뒤돌아서 자리로 돌아갈까.

계속 이사님 방으로 갈까.

공장 발령을 받았던 김 부장의 뒷모습이 떠오른다. 그날 날씨가 참 좋았다. 오늘도 기온은 낮지만 햇살은 따뜻하다. 그때도 김 부장의 그림자는 쭉 뻗어 있었다. 밖에서 들이치는 햇볕에 나의 그림자 역시 사무실 저 멀리까지 뻗어 있다.

방 앞에 도착했다. 사무실 저편 자신의 자리를 돌아본다. 숨을 한 번 크게 들이쉬었다가 내뱉는다. 여기까지 왔다는 건 이미 결정을 내렸다는 것을 의미한다.

팔을 들어 올린다. 손가락을 구부린다. 잠시 멈춘다. 팔을 내린다. 고개를 숙이고 눈을 지긋이 감았다가 뜬다. 다시 팔을 들어 올린다. 검지와 중지를 구부려 문을 두드린다.

똑똑.

세상을 향해 하는 노크다.

"안녕하세요, 최 부장님. 아, 이사님. 잠시 시간 좀 내주실
수 있을까요?"

"그래, 와서 앉아."

"감사합니다. 면담 좀…… 드렸으면 해서요."

"무슨 일인데?"

"저…… 퇴사하려고 합니다."

몇 초간 침묵이 이어진다.

"아…… 그래……. 갑작스러워서 잠시 당황했네. 무슨 일
이야? 혹시 이번 진급 문제가 퇴사에 영향을 끼쳤을까?
퇴사 이유 묻고 싶지 않았는데……."

"아니요. 괜찮습니다. 이사님께는 제가 직접 말씀드리고
싶었어요. 저 대학원에 가려고요."

"대학원? 그렇군……. 권 사원 성격에 여기까지 왔다는 건
정말 신중하게 결정했다는 뜻일 테고. 이미 고심해서 결정
한 일을 내가 이래라저래라 할 수는 없지."

"네…… 사원인 저한테까지 좋은 말씀 많이 해주시고 믿
어주셔서 감사했어요.

"그건 권 사원이 잘했으니까 그런 거지. 개인적으로는 권 사원 같은 팀원과 더 일해보고 싶었는데 아쉽네."

"감사합니다. 저 그런데 이사님, 궁금한 게 있는데요. 너무 무례하다고 생각하지 마시고 들어주세요."

"그래, 물어봐."

권 사원은 마지막이다 생각하고 조심스러운 얘기를 꺼낸다.

"어떻게…… 임원이 되신 거예요?"

"음? 허허 글쎄. 나도 잘 모르겠는데. 내가 어떻게 임원이 된 걸까. 믿을지 모르지만 나는 임원 될 생각이 별로 없었어. 내가 그렇게 조직생활을 잘하는 사람도 아니고. 그 냥…… 하던 대로 묵묵히 한 것밖에 없는데 이렇게 됐네. 사실 김 부장이 퇴사할 땐 나도 좀 힘들었어. 김 부장처럼 애사심 강하고 회사일 열심히 하는 사람을 본 적이 없거 든. 그런 사람이 하루아침에 공장 발령 나서 나가는 거 보 니까 허탈하기도 하고, 회사에 대한 회의감도 들고. 그런 데 뭐 별수가 있나. 수십 년 하던 일을 놓을 순 없더라고. 다행히 팀원들이 잘 따라주고, 전무님 상무님도 믿어주시 고, 그러니 나도 못하는 부분은 못한다고 인정하면서 여기 까지 온 거지."

권 사원은 고개를 끄덕인다.

"지금 임원이 되시니까 어떠세요?"
"임원이 계약직인 건 알지?"
"네, 1년마다 계약한다고 들었어요."
"부장 직급으로 가늘고 길게 가는 게 나을 수도 있고, 임원 한 번 해보고 짧게 끝내는 것도 괜찮은 것 같고. 아직은 잘 모르겠어. 매년 10월 즈음 되면 재계약 시즌인데 그때가 되면 불안하겠지. 아니, 사실은 벌써 불안해. 임원은 그야말로 모든 책임을 안고 가거든. 해당 사업부에서 뭐 하나만 잘못돼도 바로 회사를 떠나야 하는 게 현실이지. 매년 성과를 내야 하고 매년 자신의 존재를 알려야 하고. 지금 상무님이 나 신입사원 때 대리였던 거 알아?"
"아 그래요?"
"세월 진짜 빠르지. 상무님은 그때나 지금이나 변함이 없으셔. 직급이 올라가도 늘 한결같으신 분이야. 오랫동안 그 모습을 옆에서 보고 배운 것 같아. 줄 서는 데 목을 매는 사람들은 결국 중도 하차하게 돼 있어. 그리고 임원이 대단히 특출한 사람들이 되는 건 아닌 거 같아. 꾸준히 자기 업무 열심히 하면서 본보기가 되고 동료, 선후배들과 그때그때 과제들을 잘 풀어가는 사람이 결국 되는 게 아닐까 싶네. 다른 회사는 정치 잘하는 사람들이 임원이 되는 경우가 대부분인데 우리 회사는 지금의 상무님이 그걸 좀 바꿔놓으신 것 같아."

"상무님 대단하시네요. 제가 퇴사를 결정하긴 했지만 그래도 회사원들의 꿈이라는 임원이 어떤 건지 궁금해서 여쭤봤어요."

"하하. 임원이 뭐 별거 있나. 밖에 나가면 그냥 동네 아저씨야."

권 사원은 정중히 인사를 하고 방을 나온다.
올 때와 같은 복도를 걷는다.
같은 길을 걷는데 발걸음은 다르다.
자리로 돌아가는 걸음의 무게가 몹시도 가볍다.

9

퇴근길이다.
권 사원은 성큼성큼 빠른 걸음으로 가는 송 과장을 뛰어서 따라간다.

"송 과장님!"

"어, 권 사원."

"아파트 리모델링 조합이 설립 인가가 났대요. 그래서인지 시세가 좀 올랐어요."

"잘됐다. 잘될 거야."

"송 과장님 덕분에 잘 샀어요. 감사해요."

"혹시 김 부장님이 조합장은 아니지?"

"하하. 그건 아닌 거 같아요."

권 사원은 멈칫하더니 빠르게 용건을 내뱉는다.

"저 그리고…… 퇴사하기로 했어요."

"뭐? 진짜? 갑자기?"

"네, 그렇게 됐어요."

"에헤이…… 이거 아쉽네. 회사가 유능한 인재를 놓쳤어."

"송 과장님이 회사 일도 그렇고 다른 것들도 많이 챙겨주셨는데 죄송해요."

"뭐가 죄송해. 각자 갈 길 가는 거지. 미안한 감정 절대 가지지 마. 어디 갈 데는 정했고?"

"아, 이직하는 건 아니고요. 대학원 가려고요. 입학하기 전에 한 달 정도 여행하면서 좀 쉬고요."

"그래. 그동안 일도 많았는데 쉬는 것도 필요하지. 근데 아쉽네. 권 사원은 뭐든 잘할 거야. 자주 연락하자고."

"송 과장님, 저…… 악수 한 번 해도 될까요?"

"어? 어, 그래."

권 사원은 송 과장의 손을 꼭 쥔다. 따뜻하다.

"그동안 감사했습니다."

10

정 대리는 인스타를 뒤적인다.

고등학교 친구 버버리맨은 오늘도 자동차 사진과 호텔에서 밥 먹은 사진을 올렸다. 가끔 대리석으로 뒤덮인 집 사진도 올라온다. 가장 최근에 올린 집 사진은 거실 테이블 위에 올려진 보드카 사진이다. 사진 밑에는 '더 이상 재밌는 게 없다'라고 쓰여 있다.

허세 부리기는.

호텔에서 먹은 코스 요리 사진에는 '좋아요'가 수천 개 달려 있다. 사진 밑에는 '더 이상 먹고 싶은 게 없다'라고 쓰여 있다.

잘난 척하기는.

지 돈 많다고 자랑하는 거야?
남들 못 가지고 못 먹어서 안달인데.

잠시 후 고등학교 단체 카톡방에 메시지 하나가 뜬다.

삼가 고인의 명복을 빕니다.
빈소 : ○○○○○○
별세일 : ○○○○.○○.○○
발인일 : ○○○○.○○.○○

이게 뭐지?
이름을 보니 버버리맨이다.
버버리맨?
내가 지금 보고 있는 사진 속의 버버리맨? 버버리맨이 죽었다고?

말도 안 돼.

말도 안 돼.

검은색 정장에 넥타이를 매고 장례식장으로 간다.

장례식장 로비 중앙에 있는 모니터에서 버버리맨의 이름을 찾는다. 진짜 그의 이름이 있다.

성큼성큼 빈소 쪽으로 간다. 그가 활짝 웃고 있는 사진이 보인다. 평상시에 잘 웃지 않던 그가 사진 속에서만큼은 웃고 있다.

절을 두 번 한다. 사진 속 그의 눈을 잠시 쳐다본다. 자기는 버버리 패딩이 별로라고 말하던 무덤덤한 말투가 생각난다. 당황스러워서 눈물이 나지도 않는다. 가족들에게 인사를 한다.

식사하는 쪽으로 가니 친구들 몇 명이 앉아 있다. 나는 친구들에게 안부를 묻지도 않는다.

"어떻게 된 건데?"

버버리맨과 자주 만나던 친구가 대답한다.

"하…… 자살이래……."

"뭐? 왜?"

"전부터 우울하다고 한동안 약을 먹었는데 얼마 전부터는 안 먹는다고 그랬었거든. 그 뒤로 만난 적이 없어."

"무슨 다른 문제 있었던 건 아니고?"

"걔가 무슨 문제가 있겠냐……. 다 가진 애가."

"근데 왜 그랬지……."

"왜 사는지 모르겠다, 재미없다고 자주 그랬어. 맨날 최고로 좋은 데 가서 먹고, 최고로 좋은 집 살고, 최고로 좋은 차 타고. 더 이상 올라갈 데가 없는데 매일 그러면 재미가 있겠냐……."

"아니 그래도 그렇지…… 하아……."

"목표도 없고 삶의 의미도 모르겠고…… 뭐 그랬나 봐. 나도 잘…… 모르겠어."

친구는 소주를 한 번에 입에 털어넣는다.

정 대리도 연거푸 소주를 들이켠다.

집에 돌아와서도 정 대리는 머리가 하얗다.

도대체 어떻게 된 영문인지 잘 모르겠다.

정 대리는 이해하기가 어렵다.

다 가진 놈이었는데…… 마냥 행복한 줄 알았는데…….

부러웠다. 질투했다. 고등학교 때 제일 친한 놈이라서, 제일 가까웠던 놈이라서 더 그랬다.

그래서 내가 그놈의 인스타를…… 그렇게 열심히 보고……또 보고……. 그랬는데…….

내가 그놈을 ……제대로 알긴 알았던 걸까.

다 가지면 행복할 줄 알았는데.

나처럼 부족한 놈이나 힘든 줄 알았는데.

그건 또 아닌가.

하아, 잘 모르겠다.

송 과장이 기차에서 한 말이 생각난다. 행복을 물질적인 것에서 찾지 말라고.

도덕 교과서 같은 소리하고 있네, 내심 그렇게 비웃었다.

왜! 물질적인 것을 추구하는 게 어때서.

옆의 놈이랑 비교되는 게 얼마나 힘든데. 괴로운데.

여러 가지 생각들이 순서 없이 튀어 오른다.

정 대리는 한동안 충격에서 벗어나지 못했다.

집 나간 와이프. 자살한 친구.

정 대리는 최 이사에게 사정을 설명했다. 며칠 휴가를 쓰겠다고 했다. 흔쾌히 허락을 받았다.

정 대리는 먹고 자고 먹고 자고를 반복했다. 밖에 나가지도 않았다. 딱히 고뇌에 빠지거나, 고민을 하거나, 걱정을 한 건 아니다. 그냥 가만히 집에서 그렇게 하루하루를 지냈다. 얼룩투성이인 머릿속을 조용히 청소기로 돌리는 것 같다.

3분카레를 전자레인지에 돌린다. 찬밥 위에 붓는다. 숟가락을 밥에 찌른다. 푹푹 위아래로 찔러가며 섞는다. 밥이 딱딱해서 잘 섞이지 않는다.

버버리맨이 떠오른다. 담담하고 차분한 표정. 색채 없는 말투. 눈두덩에 머물러 있던 눈물이 이제야 흘러나온다.

처음으로 사는 게 무엇인지 생각해본다. 그렇다고 거창하게 인생철학 같은 것을 생각하는 것은 아니다. 어떤 진리를 깨달은 것도 아니다. 엄청난 잘못을 뉘우친 것도 아니다.

뭘 살까. 뭘 먹을까. 어딜 갈까. 무얼 자랑할까. 이런 게 생각의 전부였는데, 왜 사는지 이런 생각을 하는 스스로가 낯설다.

문득 아파트 앞 횡단보도를 건널 때 누가 나를 치고 지나갔으면 좋겠다는 생각이 머리를 스친다.

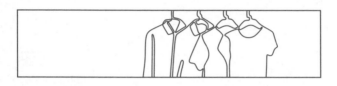

변하는 것과 변하지 않는 것

1

정 대리의 전세 만기일이 다가온다.

집주인이 자기가 들어와서 살 거라고 집을 비워달라고 한다. 같은 단지의 전세 시세를 알아보니 그 사이 1억이 올랐다. 더 이상 대출은 불가능하다. 별수가 없다. 이제는 월세로 가야 한다. 차라리 잘됐다. 매달 대출 이자 내는 것도 지겹다.

옮길 집을 알아봐야 한다. 네이버 지도로 서울을 뒤적거린다. 예전에 권 사원이 샀다는 집을 본다. 전세, 반전세, 월세 다 있다. 연식이 있어서 그런지 월세 시세가 낮은 편이다.

부동산중개소에 가본다. 친절한 사장님이 매물을 설명해

주신다. 집주인이 보증금과 월세를 올리지 않아서 제일 저렴한 매물이라고 한다. 정 대리는 바로 계약금을 건다.

일주일 뒤, 다시 부동산에 간다. 문을 열고 들어간다.
"어서 오세요."
사장님이 반갑게 맞이한다.
"안녕하세요. 오늘 월세 계약하기로 한 사람인데요."

정 대리가 사무실을 휘휘 둘러보니 어딘가 익숙한 옆모습의 아저씨가 소파에 앉아 있다.
김 부장이다.
고개를 돌려 모른 척하고 싶지만 이미 같은 공간에 있다.

"어! 자네가…… 여기 어쩐 일이야?"
"김 부장님!"
"와, 여기서 만나네."

김 부장이 손을 내민다. 김 부장 손을 잡는다. 거칠다. 굳은살이 느껴진다. 자세히 보니 얼굴도 많이 그을었다. 회사에서 보던 멀끔하고 광나던 김 부장이 아니다.

"정 대리 잘 살고 있어?

"네, 네…… 뭐 그저 그렇습니다. 부장님은 잘 지내셨습니까?"

"요즘 나 사업해. 최 부장하고 상무 그 자식들은 잘 사나?"

무슨 사업을 하는지 궁금하다. 그렇다고 물어볼 정도까지는 아니다. 부동산 사장님의 표정이 안 좋아진다. 팔꿈치를 책상에 대고 고개를 숙여 이마를 손에 갖다 댄다.

"네, 잘 지내고 있습니다. 최 부장님은 이사로 승진하셨어요."

"뭐? 그 자식이? 이야, 최 부장이 이사라니. 허허. 그때 그거 알아? 그 자식들이 나 잘될까봐…… 아오…….'

"네?"

"아니야, 아니야. 회사 사람들이 나 뭐하는지 안 궁금해해?"

"네…… 아무도 안 물어보던데요."

"내가 밖에서 더 잘나갈까봐 그런 거겠지 뭐. 엄청 잘 살고 있다고 전해줘. 와하하하하."

부동산 사장님이 나지막하면서도 단호하게 말한다.

"여보, 그만해."

다행이다. 김 부장은 그대로다. 별로 재밌지도 않은데 혼자 말하고 혼자 웃는 모습. 회사에서 잘리고 충격받아서 잘못됐으면 어떡하나 했는데 그건 아니다. 역시 사람은 변하지 않는 법이다.

변하지 않아서 문제도 있다. 결혼했는데 왜 18평으로 가냐고 꼬치꼬치 묻는다. 남의 사생활 캐는 집요함과 열정도 그대로다.
최소 24평에서는 살아야 하지 않냐고 했다. 그놈의 오지랖. 별거 중이라고 말할까 하다가 주말부부라고 얼버무렸다.

2

정 대리는 24평 전세에서 18평 월세로 이사한다.
방은 세 개에서 두 개로 줄어든다. 거실도 작아진다. 드레스룸도 없어진다.

살던 집을 둘러본다. 붙박이장과 신발장은 가득 차 있다.

제일 작은 방은 창고처럼 쓰고 있다. 거기도 가득 차 있다. 언제, 왜 이런 것들을 사다 날랐는지 기억이 안 난다. 이참에 버리고 비우지 않으면 옷과 짐꾸러미 속에 파묻혀 살 것 같다.

옷방에서 안 입는 옷들을 꺼내본다.
와, 이건 언제 산 거지.
이 스웨터, 사고 나서 한 번도 안 입은 거 같은데.
땡땡이 티셔츠, 꽃무늬 남방, 이런 걸 왜 샀지?
뭘 이렇게 많이 샀는지 끝이 없다.

안 입는 옷을 전부 꺼내니 거실에 수북하게 산이 쌓인다.
'쇼핑 괴물아!'라고 소리치던 와이프의 모습이 떠오른다.
틀린 말이 아니었다.
하나씩 펼쳐서 사진을 찍는다.
얼마에 샀는지 기억도 안 난다.
대충 가격을 정한다.
당근마켓에 올린다.

　　상태 좋음. 한 번 입음. 직거래 선호. 사이즈 100.

냉장고 정리도 한다. 언제 넣어놨는지도 모르는 반찬들이 가득하다. 다 버린다.

분리수거도 한다. 아무렇게나 엉켜 있던 플라스틱, 박스, 종이, 병들을 분류해서 정리한다.

비우자, 이제.

딩동.

"누구세요?"

"나다."

"어. 왔나."

동생 정짱이 왔다. 반찬을 가져다준다고 했다.

"이야…… 집 좋네."

"니 첨이가?"

"그럼 첨이지. 니가 초대나 한 번 했나?"

"미안타."

"얼래? 니가 미안하다는 말도 다하고 낮술 먹었나?"

"술은 무슨 술. 집 정리 중이었다. 나도 좀 제대로 살아볼 라고. 내가 그동안 좀 미쳤었는 갑다."

"정신 차렸나. 갑자기 왜?"

"와이프도 도망가고, 차도 없고, 대출은 잔뜩 있고, 통장은 맨날 간당간당 하고. 회사 9년째 다니고 있는데 이게 말이 되나 싶네."

"좀 도와주까?"

"됐다. 니가 뭘 도울 낀데?"

"당장 적금 들어라. 니 월급 절반 무조건 넣고. 자동이체로."

"월급의 반? 적금하고 이자 나가고 하면 얼마 안 남는데 그럼 난 뭐 먹고 살라고?"

"뭐 먹고 살긴 아껴 먹어야지. 김밥천국가서 1,500원짜리 야채김밥 먹고 물 세 잔 마시면 배부르다 아이가. 그런 거 작은 거부터 아껴야 된다."

"사람답게는 살아야 할 거 아이가."

"사람답게 사는 게 뭔데? 꼭 밥은 만 원짜리 먹어야 되나. 대출 잔뜩이라면서? 이자도 매달 나갈 거 아이가. 니 통신비는 얼마 나오는데?"

"10만 원."

"10만원? 그것부터 줄이라. 니 무제한 쓰제?"

"어."

"바꿔라 당장. 절반짜리로."

"데이터 다 쓸까봐 불안한 거 싫다."

"아직 정신 못 채렸네. 와이파이 골라잡아 쓰라. 나도 그리
한다."

"참, 니도 피곤하게 산다."

"니 통장에 얼마 있는데? 나 5천만 원 있다. 니보다 많제?
이래도 내가 피곤해 보이나. 나 억수로 여유롭다."

"언제 그리 모았노?"

"니처럼 쇼핑 안 하고 비싼 거 안 처묵고 쪼매만 아껴 살
면 된다."

정짱은 거실에 쌓여 있는 옷들을 한심한 듯이 내려다본다.

"저거 다 버릴라꼬?"

"팔라고. 좀 가져갈래?"

"옷은 됐고, 모자나 함 써보자."

정짱이 모자를 쓴다.

"와 억수로 크네. 니 옛날에 친구들이 머리 크다고 울산바
위라고 놀렸었제? 맞네. 울산바위. 푸하하하."

"니 울산바위가 어딨는지 알기나 하나?"

"울산바위가 울산에 있지 어딨는데?"

"그거 설악산에 있다. 강원도 설악산. 이 무식한 놈아."

"아는 척 좀 하지 마라."

"네이버 찾아봐라, 지금."

"됐고. 저기 있는 신발들도 다 팔아 치워뿌라."

"내가 알아서 한다."

"언니는? 연락 없나?"

"없다."

"그럼 니가 먼저 해봐라. 딸기 케이크 하나 사 들고 가서 얘기 좀 하자 해라."

"자존심이 있지 내가 왜 먼저 연락할 건데. 그냥 인스타로 몰래 몰래 보고 있다."

동생은 한숨을 푹 쉰다.

"니 알아서 해라. 나는 모르겠다. 밥이나 잘 챙겨 묵고, 돈 아껴 쓰고. 알긋나?"

"엄마처럼 말하지 마라."

"입술은 다 터져가꼬, 그게 뭐꼬? 나 간다."

"어. 반찬 고맙다."

동생 정짱은 궁시렁거리며 나간다. 말투가 어머니랑 점점 비슷해져간다.

저 철없는 게 언제 5천만 원을 모았지. 회사 다닌 지 3년
됐나. 세상물정 모르는 응석받이가 달라 보인다.

3

일주일 뒤, 당근마켓에 올려놓은 옷과 신발들을 거의 다 팔았다.
꽤 짭짤하다. 어렵게 추첨 받아서 산 신발들 중에는 웃돈
을 주고 판 것도 있다. 왠지 모르게 사업하는 기분이 든다.
옷 좋아하는 내가 옷 장사하면 기가 막히게 잘할 텐데.

와이프와는 별거 상태다. 연락을 안 한 지도 1년이 넘었다.
와이프의 SNS를 몰래 보며 안부를 확인해왔는데 요즘에
는 올라오는 사진이 없다.

곧 이사를 해야 하는데 집에는 와이프의 짐들이 잔뜩 쌓
여 있다.
이대로 들고 가야 하나. 어떻게 할까. 어떡하지.
전화를 걸기로 결심한다.

절대 지고 들어가는 게 아니다. 이사하는 것 때문에 어쩔수 없이 연락하는 거다.

단축번호 1번.

이사도 해야 하고 궁금해서 전화를 걸어본다.

아, 없는 번호다.

카페로 직접 찾아간다. 그 자리에 카페는 없고 텐동집이 있다. 텐동집에 들어간다.

곱창집 못지않게 기름 냄새가 진득하게 묻어 있다. 모두들 바에 앉아 먹고 있다.

"스페셜텐동 하나요. 그런데 여기 있던 카페는 어디 갔어요?"

"장사 잘 안 돼서 문 닫은 것 같던데요. 옆에 큰 카페가 생겨서 그런 것 같아요."

다 먹고 밖으로 나간다. 옆 건물에 8층 건물 전체를 쓰는 프랜차이즈 사옥 겸 대형카페가 보인다. 츄리닝에 쓰레빠를 신은 중년의 아저씨가 1,500원짜리 커피를 들고 건물로 들어간다. 건물 이름이 NP빌딩이다.

변하는 것과 변하지 않는 것

통쾌하면서도 씁쓸하다. 그래도 내 와이프인데 불쌍하다. 장모님 집에 있을 것 같다. 선물이라도 사 들고 가서 화해할까.

귀걸이…… 목걸이…… 패딩…….

백화점으로 간다. 여성 의류 매장층으로 가는 길에 남성 의류 매장부터 둘러보기로 한다. 남자가 남자 매장 먼저 가는 것은 당연하다.

예전에 산 옷들이 가장 멋있고 세련된 옷인 줄 알았는데, 더 멋있고 더 세련된 옷들이 가득 걸려 있다. 다 사고 싶다. 이미 정리해서 잔뜩 팔았는데 그래도 사고 싶다. 사면 살수록 더 사고 싶다.

매장들을 하나씩 둘러본다. 좌르르 흘러내리는 코트를 입은 마네킹이 여기로 와보라고 손짓한다. 여기 네 옷이 있다고, 이게 바로 네 옷이라고, 너에게 보여주기 위해 내가 미리 입고 있다고.

그 코트를 다른 남자가 입어보고 있다. 정 대리보다 키도

작고 배도 불룩한 남자다. 이제는 정 대리가 입어볼 차례
다. 저 남자보다 훨씬 잘 어울린다.

무슨 옷이든 다 소화해내는 나를 따라올 자가 있으랴.

사야겠다.

이 코트는 나와 맺어질 운명이다.

이 코트를 입음으로써 남과 구분되는 나만의 희소가치.

아…….

그런데 송 과장님이 뭐라고 했더라.

그저 원하는 것인지, 꼭 필요한 것인지 생각해보라고 했던
가. 원하기도 하고, 필요하기도 하다. 이건 집에 있는 코트
와는 다르다.

나의 쇼핑에는 철학이 있다. 나만의 기준이 있다. 아무거
나 막 사는 게 아니다. 절대 충동구매가 아니다.

나는 이것을 사면 아주 잘 입을 것이고 아주 행복할 것이다.

"얼마예요?"

"109만 원입니다."

결정의 순간이다. 이 결정에 따라 통장의 숫자는 그대로
유지되느냐, 아니면 내려가느냐가 결정된다.

그런데…… 내가 백화점에 왜 왔지?

뭘 사러 왔지?

정 대리는 갑자기 아득해진다.

카드를 주고 물건을 받는 강렬한 이 자극이 없으면 나는
살 수가 없는 사람인가?

사회적으로 성공한 것도 아니다. 매달 수천 만원을 버는
것도 아니다. SNS에는 나보다 화려하고 나보다 부자인 사
람이 너무 많다. 나는 애매하고 어중간하다.

이런 것들을 만회하기 위해 나는 카드를 쓰고 있었던가?

명품들을 사고 있었던가?

남들보다 행복하지 못해 행복하지 않다.

나의 행복을 보여주지 못해 행복하지 않다.

나의 행복을 아무도 알아주지 못해 행복하지 않다.

행복이 뭐지? 행복은 어디에 있는 거지?

모르겠다. 정말 모르겠다.

"죄송합니다. 안 살게요."

정 대리는 코트를 벗는다. 그리고 두 손을 바지 양쪽 주머니에 푹 찔러 넣는다. 에스컬레이터 쪽으로 가려고 하다가 방향을 바꾼다. 엘리베이터를 타고 지하 1층으로 내려간다. 딸기 케이크를 하나 산다. 백화점 밖으로 나간다.

4

정 대리는 지하철을 탄다.

제일 좋아하는 좌석 끝 자리에 앉는다. 딸기 케이크를 조심스레 허벅지 위에 올려놓는다. 눈을 감는다. 덜컹덜컹 소리가 들린다. 아무 생각없이 몇 정거장을 간다. 지루해서 핸드폰을 본다.

버버리맨의 죽음 이후 한동안 안 들어갔던 친구들 인스타에 들어가본다. 친구들은 오늘도 맛있는 걸 먹고, 좋은 데를 가고, 좋은 차를 타고, 활짝 웃고 있다. 그들을 살펴보는 내 표정은 무표정이다. 내 엄지손가락도 무덤덤하게 움직인다.

나도 한때는 잘나갔는데…….

아닌가? 잘나가는 것처럼 보이려고 했었나?

핸드폰을 만지작거리다가 주식 앱을 켠다. 팔만전자가 십
만전자가 되어 있기를 기대를 한다.
제길. 아직도 팔만 원이다.
비트코인 앱을 켠다.
마이너스 60퍼센트다.
꺼버린다.

누구에게나 올라갈 수 있는 사다리가 있다는데 내 사다리
는 어디에 있는지 보이지가 않는다.
올라가는 중이어서 안 보이는 건가?
설마…… 내려가는 중이어서 안 보이는 건가?
안 돼. 전세를 뒤엎을 한 방이 필요해.

띠링. 그때 문자가 하나 온다.

초역세권 신축 반값 아파트
지주택 조합원 선착순 모집
전매가능 시세차익

반값? 50퍼센트? 아파트도 세일을 하나?

옷도 30퍼센트밖에 할인을 안 하는데.

미분양인가?

정 대리는 그동안 힘들게 전셋집, 월셋집을 구하러 다니던
일이 생각이 난다. 인스타에서 보던 대리석 번쩍이는 신축
아파트도 떠오른다.

통화버튼을 누른다.

3권에 계속됩니다.

서울 자가에 대기업 다니는 김 부장 이야기
2. 정 대리 · 권 사원 편

초판 1쇄 발행 2021년 8월 25일
초판 42쇄 발행 2024년 8월 22일

지은이 송희구

책임편집 이정아
마케팅 이주형
경영지원 홍성택, 강신우, 이윤재
제작 357제작소

펴낸이 이정아
펴낸곳 (주)서삼독
출판신고 2023년 10월 25일 제 2023-000261호
대표전화 02-6958-8659
이메일 info@seosamdok.kr

서삼독은 작가분들의 소중한 원고를 기다립니다. 주제, 분야에 제한 없이 문을 두드려주세요.
info@seosamdok.kr로 보내주시면 성실히 검토한 후 연락드리겠습니다.